중국을 알면 세계가 보인다

신중국 70년의 발전과 변화가
있기까지의 역사적 흐름을 펼쳐내다.

과학기술

왕페이(王非) 저

이기훈 역

차이나하우스

중국을 알면 세계가 보인다 - 과학기술

© 2021, 山东文艺出版社

2021년 10월 10일 초판 1쇄 발행
2021년 10월 15일 초판 1쇄 발행

지은이 | 왕페이(王非)
옮긴이 | 이기훈
펴낸이 | 이건웅
펴낸곳 | 차이나하우스

등   록 | 제 303-2006-00026호
주   소 | 서울시 종로구 자하문로 301
전   화 | 02-3217-0431
팩   스 | 0505-352-0431
이메일 | cmg_ltd@naver.com
ISBN | 979-11-85882-58-1 04910
             979-11-85882-59-8 04910(세트)

값 14,800원

서언

오늘날 중국이 경제가 번영하고 국력이 강성해짐에 따라 국민의 생활은 나날이 풍족해지고 있다. 자신의 상황이나 가치관이 어떠한지에 관계없이 누구든 이러한 사실을 부인할 수 없을 것이다. 20세기 후반기를 포함해 21세기가 시작된 이후 중국의 발전은 앞으로 많은 역사가에 의해 기록되고 또 반복해서 묘사될 하나의 소재가 되었다.

중화인민공화국이 성립된 이후 지금까지 70년 동안 많은 우여곡절이 있었고, 그 모습이 끝없이 변화했기 때문에 제한된 지면으로 이를 다 표현하기란 쉽지 않은 일이었다. 그래서 그 다채로운 모습 중 일부만을 기술할 수 밖에 없었다.

그 일부를 취사선택하는 것도 역시 힘든 일이었다. 국가 발전의 상황이 칭송받을 만한지는 우선 국민의 생활이 어떠한지를 살펴봐야 한다. 따라서 우리는 국민의 의식주 및 교통의 발전과 이러한 발전을 추진시켰던 건설분야의 업적에 대해 살펴보기로 했다. 발전 면모가 어떠한지는 이전과 비교를 해보면 쉽게 드러난다. 그래서 우리는 많은 편폭을 할애하여 근대 중국의 모습을 보여주고자 한다.

하지만 글을 시작하는 출발점은 근대 이전의 먼 시기부터이며, 이것은 우리가 중국 역사와 현실에 대해 갖는 이해와 관련이 있다. 역사가 발전해 근대까지 이르렀지만 이전 일이 천 년 전과 비교해 중국의 절대 다수 보통 국민들의 생산활동과 생활방식은 결코 실제적인 변화가 없었다. 이뿐만 아니라 역사적으로 가장 최고조를 이룩했던 성당(盛唐)이나 양송(兩宋) 시대와 비교해보아도 근대 국민의 삶이 오히려 질적으로 떨어졌다.

세계사를 살펴보아도 중세에서 근대로 넘어오면서 일반 국민의 삶은 어떤 시기에는 오히려 악화되기도 했는데, 이는 많은 국가들이 경험했던 바이다. 근대 전기에 많은 유럽 국가들이 바로 이와 같은 일을 겪었다. 중국에서는 급격한 인구증가에 의한 생존자원의 부족, 열강의 침입과 약탈 그리고 전란, 사회혼란, 빈부격차의 심화, 자연재해, 전염병 유행 등으로 인해 일반 국민의 생활이 피폐해졌다. 이는 세계에서 매우 보기 드문 현상이었다. 고대부터 근대까지의 일련의 변화를 살핀다면 신중국 70년 동안의 발전과 변화가 국민에게 무엇을 의미하고 있는지 보다 쉽게 이해할 수 있을 것이다. 특히 2020년이 끝날 때, 중국은 거대한 중산층이 생겨날 것이며, 절대 빈곤층 또한 역사 속으로 사라지게 될 것이다. 이러한 목표 달성은 천년의 역사에서 한 번도 이루지 못했던 변화이다.

이러한 역사적인 장면을 기록하는 것이 바로 우리 현대인의 책임이다.

작자

2021년 1월

목차

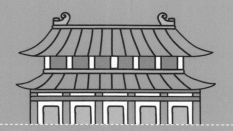

제1장

하늘에 쓰는 이야기

중국을 알면 세계가 보인다

과학기술

상고시대 항아분월(嫦娥奔月) 신화 · 중고시대 초기 돈황(敦煌)벽화의 비천(飛天) 형상 · 중고시대 말기 소설『서유기(西遊記)』중의 여러 신선 그리고 고대 그리스 신화 속 날개 달린 천사는 모두 인류가 오랫동안 품고 있었던 하늘을 나는 꿈을 표현하고 있다. 1903년 12월 미국의 발명가 라이트형제가 처음으로 자체 동력을 이용하여 하늘을 나는 시도에 성공했고, 비행사의 조종에 의해 지속적인 비행이 가능한 '플라이어 1호'의 출현으로 인류는 하늘을 나는 꿈을 실현했다.

중국 항공 공업의 초기 단계는 세계 항공 산업의 발전을 비슷하게 따라가는 형세였다. 청 왕조 말기인 1910년은 라이트형제가 처음으로 비행을 성공한 후 7년밖에 지나지 않은 시기였고, 이때 중국인도 이미 비행기 제작을 시작했다. 1910년, 일본에서 유학하고 있던 리바오쥔(李寶焌)과 류줘청(劉佐成)은 청 왕조의 부름을 받고 귀국하여 베이징 난위안(南苑)에 비행기 제조창을 건설하고, 일본 비행기 부품을 수입하여 비행기를 만들었다. 다음 해 4월 처음으로 제1호 비행기를 만들었지만 안타깝게도 시험비행을 할 때 엔진의 고장으로 추락하고 말았다.

민국시기로 접어들면서 푸저우(福州) · 광저우(廣州) · 항저우(杭州) · 난창(南昌) · 청두(成都) · 사오관(韶关) 등지에는 비행기 제조창과 수리공장이 연이어 건립되었다. 이러한 항공 기업들은 비행기를 수리

다양한 자태를 지닌 비천상은 돈황(燉煌) 벽화에 보이는 주요 소재이다. (비주얼 차이나)

신중국 건립 70주년 열병식 훈련에서 연습 비행하고 있는 81비행단. (인민의 시각)

하거나 제작했는데 주로 외국 것을 복제하였다. 그래서 설비와 원재료, 특히 주요 부품인 엔진과 금속 프로펠러 등은 완전히 수입에 의존했다.

1910년 청 정부가 공장을 지어 비행기를 시범 제조한 이후로 1949년 중화인민공화국이 성립되기까지 중국은 40년간 전란에 휩싸였다. 본래도 독립된 항공 공업 시스템을 구축하지 못한 데다가 전쟁으로 인한 폐해까지 더해져 공장 설비는 이동과정 중에 훼손되거나 유실되어, 중화인민공화국 때는 하나도 남아 있는 것이 없었다. 신정부 수중에 있는 비행기 완제품은 안타깝게도 겨우 17대 밖에 없었다. 1949년 10월 1일 개국행사에서 사열하는 공중 편대 수량이 부족한 문제를 해결하기 위해서 행사 지휘를 맡은 저우언라이(周恩來)는 어쩔 수 없이 비행기가 톈안먼(天安門) 광장 상공을 왕복해서 비행하도록 조치했다. 그러던 것이 중화인민공화국 70주년 열병식에서는 젠(殲)-20 · 윈(運)-20 · 젠-15 · 젠-16 · 쿵징(空警)-2000 · 훙(轟)-6K · 공중급유기 등 각종 최신 전투기가 당당하게 톈안먼 상공을 비행했다. 오늘날 우리는 더는 열병식에서 중복해서 비행할 필요가 없다고 저우언라이 총리를 위로할 수 있다.

70년간의 발전을 통해 중국은 이미 비행기 · 인공위성 · 우주정거장 등 항공 우주기기 제조 분야에서 우위를 점하게 되었다.

비행기, 중국인의 꿈

　중화인민공화국 성립 후, 정부는 비행기 제조업 발전을 위해 많은 공을 들였다. 1951년 4월 중공업부는 항공공업관리국(航空工業管理局)을 단독으로 설치하였고, 3년 후인 1954년에는 중국 1세대 비행기 및 엔진의 시험 제작에 성공한다. 1956년 선양(沈陽) 비행기 공장에서 중국 최초 제트기인 젠-5를 시험 제작하였고, 이로써 중국은 세계에서 제트기를 생산하는 몇 안 되는 국가가 되었다.

　1960년에 새로 개발한 전투기 젠-6은 대량 생산에 돌입하게 되었고, 1983에 생산을 멈추기까지 23년간 총 5,205대를 생산했다. 이것은 단좌 쌍발 초음속제트기로 20여 대의 다양한 적 비행기를 격추시키면서 단 한 대도 격추당하지 않은 화려한 전투 기록을 세운 바 있다.

　90년대로 들어서면 전투기 젠-10이 새로운 명성을 누린다. 젠-10은 중국이 자주적으로 연구하여 만들어 낸 경량급 · 다기능 · 초음속 · 전천후 제3세대 전투기이다. 1994년에 연구 제작을 시작해

2018년 11월 6일. 주하이(珠海) 항공박람회에서 젠-20이 비행하고 있다. (비주얼 차이나)

서 1998년 3월에 첫 비행을 했고, 1999년 비행 테스트를 진행했다. 2004년부터 중국 공군은 주력기를 젠-10으로 대체하기 시작했다. 2019년 10월 1일, 쿵징-2000 초계기 1대와 젠-10 전투기 8대로 조성된 편대가 톈안먼 광장 상공을 비행하며 퍼레이드를 펼쳤다. 이때 젠-10은 7가지 무지개색 연기를 뿜어내며 건국 70주년을 축하했다.

현대 중국의 하늘의 힘을 대표하는 것은 의심할 여지 없이 전투기 젠-20일 것이다. 젠-20은 중국이 연구하고 제작한 것으로, 고성능 스텔스 기능·고성능 감지 기능·고성능 기동 능력 등을 보유하고 있는 제4세대 전투기이다.

젠-20은 세계적인 선진 기술을 대표하는 전투기로, 1997년 연구 제작하기 시작하여 2014년에 정형화된 형태를 갖추고, 2018년 2월 중국 공군 부대에 투입되었다. 2016년 11월 1일 제11회 주하이(珠海) 항공박람회에서 처음으로 공중 비행을 선보였으며, 현장에서 많은 호응을 얻었다. 2018년 11월 11일 제12회 주하이(珠海) 항공박람회에서 젠-20은 처음으로 미사일 장착을 보여주며 세계의 주목을 이끌었다. 2019년 10월 1일 젠-20은 중화인민공화국 성립 70주년 경축 열병식에 모습을 드러냈다. 열병식에서 젠-20, 젠-16, 젠-10C의 3종의 비행기가 중소형 조합·신구 세대 조합·대공과 대지 겸비한 하늘의 '삼총사'로 조합되어 세계 일류 수준의 공중 역량을 보여주었다.

중국인들의 거대 비행기에 대한 꿈 역시 한 번도 중단된 적이 없었다. 2015년 11월 2일 백색·남색·녹색으로 도장된 대형 민항 여객기가 상하이 푸둥(浦東) 기지에서 제작되었다. 이것이 바로 중국인들의 대형 비행기에 대한 꿈을 담은 C919 대형 여객기이다. 2017년 5월 5일, C919 여객기는 테스트를 완료한 후 순조롭게 첫 비행의 임무를 마치며 천천히 활주로에 안착했다. 이는 중국이 독립적인 지적재산권과 국제 수준의 기술표준에 이르는 대형 비행기를 보유하고 있음을 의미하는 것이다.

C919는 150개 좌석이 구비된 간선 여객기로, 최대 운항 거리는 5,000km를 초과한다. 기체설계 · 객실설계 · 비행제어 · 항공전자 등의 시스템은 모두 최신 기술을 사용했다. C919는 모습을 드러낸 후, 국내외의 많은 관심을 끌었고, 국내외에서 28곳의 고객을 획득하

2017년 5월 5일, 중국산 대형 여객기 C919가 상해 푸둥 국제공항에서 처음 이륙하고 있다. (인민의 시각)

여 총 815대의 주문을 받았다. 현재 C919는 각종 시험비행 테스트 진행 중에 있으므로, 사람들이 중국의 C919를 타고 바다를 건너며 여행할 날이 멀지 않았다.

하늘 위 중국별

1970년 4월 24일, 간쑤(甘肅)성 쥬촨(酒泉)위성발사센터(Jiuquan Satellite Launch Center)에서 중국의 첫 번째 인공위성 '둥팡훙(東方紅) 1호'가 발사되었다. 이전에는 소련·미국·프랑스·일본 등 4개국만 자기 기술로 인공위성을 발사할 수 있었다. '둥팡훙 1호'의 무게는 앞서 제기한 4개국의 각 첫 번째 위성의 총량보다 29.8킬로그램을 넘어서고, 관련 기술 역시 앞서 언급한 국가의 위성 수준을 앞섰다.

사실 첫 번째 인공위성의 성공적인 발사는 중국 경제와 과학기술이 세계와 비교했을 때 아직은 커다란 차이가 있을 때 실현된 것이었다. 1957년 10월 4일, 소련이 세계에서 처음으로 인공위성 발사에 성공하며 인류가 우주를 탐색하는 시대로 진입하였다. 그후 미국·프랑스·일본이 연이어 인공위성을 발사했다. 당시 중국은 건립된 지 얼마 되지 않아 경제발전이 시작되는 단계이기는 했지만, 한국전쟁의 굴레에서 이제 막 벗어나는 시기였기 때문에 재정이 매우 부족한 상태였다. 이러한 조건에서 과학을 발전시킨다는 것은 결코 쉽지 않은 일이었다. 1958년 5월 17일, 마오쩌둥은 중국 최고 의결에서 "소련이 인공위성을 하늘로 쏘아 올렸다. 우리도 인공위성을 만들어야 한다. 우리도 하나 만들어야 하는데, 더 크게 만들어야 한다."라고 제시했다.

1964년, 중국은 첫 번째 탄도미사일 발사에 성공하며, 인공위성 발사에 필요한 로켓기술의 기초를 세웠다. 1965년 1월, 중국 과학자 첸쉐썬(錢學森)이 인공위성을 연구·제조하는 부문을 국가적 차원의 작업으로 편입시켜주기를 건의하였고, 중국 지도부에서도 이를 동의하였다. 저우언라이(周恩來) 총리의 직접적인 지도 아래서, 1965년 5월 중국과학원은 인공위성 연구제작 방안을 제기하였고, 이듬해 인공위성설계원을 조직함으로써 인공위성 제작이 정식으로 시작되었다.

중국 항공우주 과학자들은 "올라갈 수 있고, 제어할 수 있고, 들을 수 있고, 볼 수 있다.(上得去, 抓得住, 聽得到, 看得見)"라는 슬로건을 제창하였다. '올라갈 수 있다(上得去)'는 로켓이 위성을 예정된 궤도에 진입시키는 것을 말한다. '제어할 수 있다(抓得住)'는 것은 지상 설비가 위성 운행을 충분히 통제하고 관측할 수 있음을 말한다. '들을 수 있다(聽得到)'는 위성이 보낸 「둥팡훙(東方紅)」이라는 음악을 지상 설비가 수신할 수 있음을 말한다. '볼 수 있다(看得見)'는 것은 인공위성이 지나는 우주

공간을 지상 사람들이 어떠한 장비의 도움 없이 육안으로 볼 수 있음을 말한다.

5년이란 각고의 노력 끝에 1970년 4월 1일, '둥팡훙 1호' 위성과 탑재 로켓이 전용열차를 이용해 중국 간쑤성 쥬촨(酒泉)위성발사센터로 운송되었다. 4월 2일, 저우언라이 총리는 위성과 탑재 로켓의 상황을 보고받았다. 4월 24일, 마오쩌둥 주석은 발사를 비준하였고, 당일 21시 35분에 위성은 하늘로 발사되었으며, 21시 48분에 예정된 궤도에 진입하였다.

둥팡훙 1호의 성공적인 발사는 당시 중국의 과학기술이 진보되었음을 증명하는 것이다. 인공위성의 발사는 매우 복잡하고 체계적인 공정으로, 학문적으로는 공간과학 · 재료 물리학 · 전자학 · 정보공정 및 제어학 · 광학 · 비행기 동력학 · 열에너지와 동력 공정 · 기계 제조 및 자동화 · 기계전자 공정 · 기계설계 및 이론 · 공업과 제조시스템 공정 · 재료 가공 공정학 등을 모두 아우른다. 공정기술 분야로는 위성 본체 및 관련 기기 제작 · 탑재 로켓 제작 · 발사장 건설 · 지상 관측소 건설 등의 첨단기술이 종합적으로 응용된다. 둥팡훙 1호 연구제작과 발사까지의 전체 과정은 매우 귀중한 경험이라 할 수 있으며, 이러한 과정에서 과학기술인력이 대거 양성되었다. 이는 향후 중국 항공우주사업 발전에 튼튼한 기초가 되었으며, 중국 항공우주

역사상 획기적인 의미를 갖는다.

둥팡홍 1호의 성공은 당시 중국 경제와 국방 등이 비교적 짧은 기간에 성장했음을 반영하는 것이며, 중국인의 민족적 자부심과 응집력을 크게 향상시켰을 뿐 아니라 국제적으로도 긍정적인 영향을 만들어냈다. 국제사회에서는 둥팡홍 1호의 성공을 '중국과학기술과 가공기술이 만들어낸 뛰어난 성취'이자 '중국인 자신들만의 힘으로 인류의 행복과 발전을 위해 우주개발 진행을 구현했다'고 평가했다. 둥팡홍 1호의 우주 궤도진입은 바로 중국 역시 '스페이스 클럽'에 가입했다는 것을 의미한다.

첫 번째 위성이 순조롭게 하늘로 날아오르면서 중국은 위성 응용 영역에서도 큰 성과를 얻었다. 예를 들어, 중국지구자원위성은 위성의 CCD 카메라 · 적외선 카메라 광시야각(wide field of view) CCD 이미지 등을 이용하여 지구를 밤낮으로 관찰할 수 있고, 획득한 데이터는 실시간으로 지상에 전송할 수 있다. 위성이 전송한 이미지는 중국 전 국토를 포함하는 것은 물론이고 외국의 어떤 장소든 그 이미지 정보를 수집할 수 있다.

중국과학실험위성 '스젠(實踐)'은 장착된 과학 탐측기기를 이용하여 환경을 관측하고, 유관한 지구자기장 · 고에너지 대전입자(高能帶電粒子, High energy particles) · 저주파 전자파 · 플라스마 · 대기밀도 · 태

상하이 항공우주 공업전시관의 위성관에 중국의 첫 번째 위성 둥팡훙 1호의 모형이 있다. (인민의 시각)

양자외선 · 태양X선 · 대전입자 복사 등의 데이터를 수집할 수 있다. 또 항공우주기술 중의 새로운 원리 · 새로운 기기 · 동물실험 등을 시험하고, 이렇게 획득한 새로운 지식과 데이터는 인류의 우주 관측 시야를 확대시키니, 말 그대로 대우주로 향하는 인류의 발걸음을 넓힌 셈이다.

　　현재 천문물리학에서는 우주의 주요한 성분이 인류가 아직 관측하지 못한 암흑물질과 암흑에너지라고 여기고 있다. 즉, 통상적으로 관측되는 물질은 5%뿐이고, 95% 이상의 성분은 암흑물질과 암흑에너지로 구성되었다는 것이다. 만유인력의 법칙이 그것들이 존재하고 있음을 밝혔는데, 지금까지 관측된 바는 없다. 암흑물질 입자에 대한 관측은 현재 국제 과학계에서 경쟁이 매우 치열한 영역이다. 2015년 12월 17일 8시 12분, 쥬촨위성발사센터는 창정2호丁(長征二號丁, CZ–2D) 운반로켓을 이용해 암흑물질입자를 탐측하는 위성 '우쿵(悟空)'을 발사한 후 순조롭게 예정 궤도에 진입시켰다. 이 위성은 현재 세계적으로 가장 선진화된 암흑물질입자 탐측 위성으로, 앞으로 우주에서 고에너지 전자와 고에너지 감마선을 탐측하고, 암흑물질 존재의 증거를 탐색할 것이다. '우쿵'호는 궤도를 도는 첫해에 19억 개의 데이터를 전송해왔다. 권위 있는 국제 학술지 『네이처(自然, Nature)』에서 '우쿵' 위성은 우주에서 측량한 우주방사선의 이상 파동이 어쩌면 암흑물질과 관련이 있을 수 있다고 밝혔다. 이러한 획기적인 발견은 중국이 치열한 국제 경쟁 속에서 앞서나가고 있음을 보여주는 것이다.

사실 과학실험위성은 국민의 일상생활과 다소 거리가 있다. 하지만 매일 아침저녁으로 국민과 함께하는 두 가지 위성이 있는데, 바로 기상위성과 항법위성이다.

펑윈 시리즈 기상위성

첫 번째 인공위성의 성공적인 발사와 동시에 중국은 특정한 용도의 위성을 개발하는 데에 시선을 돌렸다. 정부에서 먼저 주목한 것은 경제ㆍ민생 그리고 국방과 깊은 관련이 있는 기상위성이다. 저우언라이 총리는 과학자들에게 "우리도 우리만의 기상위성을 보유해야 한다."라고 여러 차례 언급했다.

기상위성을 언급하면 사람들은 바로 일기예보를 생각할 것이다. 사실 기상위성의 기능은 우리가 상상하는 것보다 훨씬 많다. 기상위성은 일기예보를 하는 것 외에도 다양한 구름층ㆍ대기순환ㆍ풍속과 풍향ㆍ지표와 해양의 움직임 등을 관측하고 분석할 수 있다. 복잡한 계산을 거쳐 각종 중요한 기상자료를 확보하는데, 이러한 데이터는 환경감시ㆍ재난방지ㆍ대기과학ㆍ해양학ㆍ수문학(水文學) 등에서 광범위하게 활용될 수 있다. 이 영역은 민생에 서비스를 제공하는 것 외에도 중대한 군사적 의미를 갖는다. 예를 들어, 대기과학은 고공정찰기가 정찰임무를 수행하는 데에 중요한 영향을 미친다. 또 해양학과 수문학의 데이터는 잠수부대, 특히 핵잠수부대의 순항미사일 전략에 중요한 참고사항이 된다.

세계 최초의 기상위성이 1960년 4월 1일 미국에서 성공적으로 발사된 후, 인류는 위성을 이용하여 기상자료를 수집하는 새로운 단계로 접어들게 되었다. 그러나 중국은 상당히 긴 시간 동안 기술과 국력이 약해 자국의 기상위성을 보유하지 못했고, 자체 제작한 수신 설비에 의존하여 미국의 기상위성이 중국의 상공을 지나며 보내온 실시간 기상자료를 수신할 수 밖에 없었다. 이러한 피동적인 상황을 바꾸기 위해, 중국은 1970년 '701사무소'를 설립하여 기상위성의 연구개발 업무를 전면적으로 총괄하도록 했다. 1977년, 위성은 '펑윈(風雲)1호'로 정식 명명되었다.

오랜 연구개발 끝에, 1988년 9월 7일 '펑윈1호' 시리즈 기상위성이 '창정(長征)4호' 운반로켓에 실려 하늘로 날아올랐다. 위성은 정확하게 궤도에 진입하였고, 더불어 고해상도의 기상자료를 수집할 수 있었다. 뒤이어 발사된 4대의 '펑윈1호' 위성도 우주에서 순조롭게 네트워킹하였는데, 이는 중국이 체계적인 기상관측 시스템을 보유하게 되었음을 의미한다. 이때부터 중국도 세계 여러 나라와 지역에 기상자료를 전송하기 시작했다.

1997년부터는 계량화된 '펑윈2호' 시리즈 위성이 연속해서 하늘로 날아올라 순조롭게 궤도에 진입함으로써 더 정확한 기상자료를 획득할 수 있었다. 이후 중국은 세계 기후 관측에 실시간 동향 자료를 제공하였고, 자료 정확도는 90%에 달했다.

2013년, '펑윈3호' 기상위성이 발사되어 네트워킹에 성공하였다. '펑윈3호'의 성공적인 가동은 중국 기상위성의 정밀도가 완벽하게 국제적 수준에 도달했음을 의미한다. '펑윈3호'의 수퍼 컴퓨터 및 감응 신호장치는 이전에 비해 크게 발전한 것으로, 지구 전역에 대한 대기 환경의 고정밀도 3D 자료를 실시간으로 수집하게 되었다.

2016년, 최신형 '펑윈4호' 기상위성이 성공적으로 발사되었다. '펑윈4호'는 고정밀도 영상과 우주 기상관측 예보·경보 기능을 구비함으로써 국제적인 최고 수준에 도달하게 된다.

지난 30년 동안, '펑윈' 시리즈 기상위성은 높은 기술로 국가 경제건설과 국방안보에 기여했을 뿐만 아니라, 전 세계에 높은 품질의 기상 서비스를 제공하였다. 이로써 중국은 국제적인 명성을 누리며, 국제 기상위성 분야에서 앞서 나가게 되었다.

베이더우 위성항법 시스템

위성항법은 위성을 응용하는 또 다른 중요한 분야이다. 2020년 6월 23일 마지막 글로벌 네트워킹위성인 베이더우(北斗)3호가 시창(西昌)위성발사센터에서 하늘로 날아올랐다. 7월 31일에는 베이더우3호 글로벌 위성항법 시스템 건설 개통식이 베이징에서 열렸다. 이로부터 중국의 베이더우 위성항법 시스템이 서비스를 시작하게 된다.

보통 위성항법 시스템에 대한 우리의 첫 반응은 '교통 내비게이션에 이용되는 것' 정도이다. 그러나 사실 내비게이션은 베이더우 위성항법 시스템 기능 중의 하나일 뿐이며, 그 용도는 우리가 상상하는 것 이상으로 많다. 교통 · 운송 이외에도 농업 · 임업 · 어업 · 수문(水文) · 구조 · 금융 · 측량 · 전력 · 공공안전 · 국방 등의 여러 분야에서 광범위하게 활용된다. 예를 들어, 대형 농업 기계는 베이더우 위성의 기획에 따라, 적당한 라인을 만들어 파종한다. 어업철 수많은 어선들은 베이더우 위성의 신호를 받아 순서대로 안전하게 출항한다. 수문관측소는 위성 시스템 관리를 적용한 후, 모종의 이상 현상이 나타나면 즉각 데이터를 얻을 수 있다. 학부모들은 아이가 몸에 지닌 베이더우 수신기를 통해 언제든지 아이의 위치를 파악할 수 있다. 군사 분야에서의 활용도 매우 커서, 미사일 중계유도 · 드론부대 지휘 · 선제식 정밀타격 등의 최첨단 전투영역에 응용된다. 결론적으로 베이더우 위성항법 시스템은 이미 중국의 모든 공공 서비스 영역에서 활용되고 있으며, 거대한 경제 · 사회적 가치를 창출했다.

베이더우 위성항법 시스템은 미국의 GPS · 러시아의 글로나스 위성 시스템에 이은 세 번째 독립적으로 네트워킹하는 글로벌 위성시스템이다. 그 이전에 중국은 앞서 언급한 두 가지에 의존하여 중국 경제의 각 분야에 서비스를 제공할 수 밖에 없었다. 이러한 자주적이지 못한 상황으로 중국은 최첨단 · 정밀도의 서비스를 확보할 수 없었다. 더 중요한 것은 금융과 국토측량 등의 분야에도 타국의 시스템이 활용되어 사회안전에 직접적인 위협이 되기도 했다. 14억 인구 대국 중국이 자국의 위성항법 시스템을 보유하지 못한 것은 경제사회 발전에 심각한 제약이 되었다.

1980년대부터 중국은 자국의 위성항법 시스템 구축에 대해 고민하기 시작했다. 이후 충분한 논의를 거쳐 1994년 위성항법 시스템 건설이 정식으로 출발하였다. 전체 시스템을 총괄하는 책임자는 '원자탄·수소탄·인공위성(兩彈一星)'의 공로자이자, 첫 번째 인공위성 '둥 팡훙1호'의 총책임자였던 순쟈둥(孫家棟) 원사이다. 순쟈둥은 위성항 법 시스템에 '3단계(三步走)' 전략을 제시했다. 첫 단계는 1994년부터 2003년까지로, 세 대의 정지궤도위성(地球静止軌道衛星, GEO위성)을 발사하여 중국인 이용자에게 위치·시간·문자서비스를 제공하는 것이다. 두 번째 단계는 2004년부터 2012년까지로, 14대 위성을 발 사하여 아시아태평양 지역의 이용자들에게 위치·시간 등의 서비스 를 제공하는 것이다. 세 번째 단계는 2013년부터 2020년까지이며 19 대의 위성을 발사하여 글로벌 네트워크를 완성함으로써 전 세계 이용 자들에게 내비게이션·위치·수색·측량·시간·문자 등의 서비스 를 제공하는 것이다.

베이더우는 중국이 자주적으로 개발한 것으로 독립적인 지적재산 권과 핵심기술을 보유한 위성시스템이라 할 수 있다. 미국의 GPS· 러시아의 글로나스 위성과 비교할 때, 베이더우 시스템은 세 가지 부 분에서 더 우세한 점을 보이고 있다. 첫째, 베이더우 시리즈가 고궤도 에서 운행하는 위성 수가 많아서, 저위도 지역의 고객에게 있어 주파 수 차단을 배제하는 능력이 더 강하다. 둘째, 베이더우 시스템은 많은 주파수 위성신호를 보유하고 있어서 위치와 내비게이션의 정밀도를 대폭으로 향상했다. 셋째, 베이더우 시스템은 GPS와 글로나스가 갖고 있지 않은 위성문자서비스 기능을 탑재하고 있어서, 베이더우 사용자는 휴대용 설비를 이용하여 위성시스템의 관리자와 연락을 취할 수 있다. 이러한 기능은 재난 예방과 구조, 특히 해난(海難) 현장에서 매우 중요한 역할을 한다.

베이더우 위성항법 시스템은 중국 국민 경제발전 및 국가안전과 관

2015년 9월 30일 시창(西昌)위성발사센터에서 중국은 네 번째 차세대 베이더우 위성을 성공적으로 발사했다. (인민의 시각)

련된 "육로와 항공의 교통에 대한 보호"라는 역할을 하였다. 현재 베이더우 위성항법 시스템은 이미 교통운송 · 재난구조 · 공공안전 등의 영역에서 활용되며, 거대한 경제적 사회적 효과를 만들어냈다. 현재 전 세계 120여 국가와 지역에서 이 시스템을 사용하고 있다. 실제로 베이더우는 200여 개 국가와 지역에 우수한 서비스를 충분히 제공

장쑤(江蘇)성 난퉁(南通) 야저우(雅周)현대농장에서, 기술자가 베이더우 위성항법 시스템을 장착한 무인 수확기 작동을 보여주고 있다. (비주얼 차이나)

할 수 있는데, 특히 '일대일로(一帶一路)' 정책으로 연계된 국가는 말할 것도 없다.

2019년 연말까지 중국은 다양한 용도의 위성 534대를 성공적으로 발사했다. 현재 지구 궤도에서 운행 중인 것으로는 323대가 있으며, 수치상으로 세계 2위이다. 향후 10년, 중국은 3,600개의 위성을 발사할 계획을 갖고 있으며, 이로써 진정한 항공우주 대국이 될 것이다.

유인우주비행

　우주여행은 오랜 기간 인류의 꿈이었다. 20세기 중엽부터 인류의 과학기술은 극도로 발전하여, 소련 우주비행사 가가린이 인류 역사상 처음으로 우주에 간 이후로 미국과 소련은 항공우주 분야에서 치열하게 경쟁했으며, 이로써 인류는 정식으로 '우주시대'로 진입하게 되었다.

　지구 밖 공간의 이용은 거대한 경제적 가치가 있을 뿐 아니라, 중요한 군사적 가치도 갖고 있다. "하늘을 제어하면, 절대적인 제공권을 장악할 수 있다." 최초의 인공위성 '둥팡훙1호'의 발사 성공은 중국이 우주공간을 탐색하고 이용하는 서막을 연 것이라 할 수 있다. 그 후 몇십 년 동안 중국은 우주에 대량의 우주 설비를 발사하여 국가 경제발전과 전략안보에 큰 공헌을 하였으며, 항공우주 대국의 대열에 편입될 수 있었다.

　중국은 우주비행 항목 중 시스템이 가장 복잡하고 위험하다는 유인우주비행 프로젝트 역시 점진적으로 추진하였다. 1992년, 유인우주

비행 프로젝트가 정식으로 시작되었고, 크게 세 단계의 과정을 세웠다. 첫 단계는 유인우주선의 순조로운 발사와 귀환이며, 더불어 우주선 안에서 각종 과학실험을 시도하는 것이다. 두 번째 단계는 우주인의 우주유영 성공과 우주선 외부에서의 각종 작업 진행, 우주 설비 도킹 실현, 단기 체류 가능한 소형 우주정거장을 발사하고 각종 과학실험을 전개하는 것이다. 세 번째 단계는 우주인이 장기간 체류할 수 있는 대규모 우주정거장을 건설하여 복잡한 우주 과학실험을 진행하도록 하는 것이다.

1999년, '선저우(神舟)1호' 유인우주선은 순조롭게 하늘로 날아올랐다. '선저우1호'는 최초의 시험 우주선으로, 우주에서 21시간을 머문 후 지구로 귀환했다. 몇 년 후, 중국은 연이어 선저우2호, 3호, 4호 시험 우주선을 발사했고, 매번 발사할 때마다 현저한 기술적인 발전을 보였다. 2003년 10월 15일, 간쑤 쥬취안위성발사센터에서 '선저우5호' 유인우주선은 중국 최초의 우주인 양리웨이(楊利偉)를 태우고 하늘로 올라 정확하게 궤도에 안착하였다. 양리웨이는 중국에서 우주로 발을 디딘 최초의 인물이다. 이때부터 우주공간에 중국인의 모습이 등장하기 시작하면서 중국이 자체적인 유인우주선 기술을 장악했음을 드러내었다.

'선저우5호'의 임무 성공 후, 중국의 유인우주선 프로젝트는 더욱

2003년 10월 16일, 선저우5호 유인우주선이 네이멍구 착륙장에 성공적으로 착륙한 후 중국 최초 우주인 양리웨이의 모습. (신화사)

박차를 가하게 된다. 2005년, '선저우6호' 유인우주선이 처음으로 두 명의 우주인을 싣고 하늘로 발사되었으며, 우주선은 지구를 77바퀴 돌고 난 후 성공적으로 귀환하였다. 중국이 처음으로 복수의 우주인이 우주선을 타고 여러 날 동안 비행하는 목표를 실현한 것이다.

2008년, 세 명의 우주인 자이즈강(翟志剛)·징하이펑(景海鵬)·류보밍(劉伯明)이 '선저우7호'를 타고 하늘로 올랐다. 이번 유인우주선의 임무 완성으로 중국은 새로운 돌파구를 찾을 수 있었다. 자이즈강은 우주선 선실문을 열고 나가 중국 역사상 최초로 우주유영에 성공했다.

이로써 중국은 세 번째로 우주유영 기술을 보유한 국가가 되었다.

2011년, 중국이 자체적으로 제작한 유인 우주 실험용 모듈 '톈궁(天宮)1호'가 순조롭게 발사되었다. 뒤이어 발사된 '선저우8호'와 테스트 성격의 우주도킹에 성공하였는데, 이는 다음 단계의 유인우주선이 우주정거장에 도킹하는 작업에 기초를 확립한 것이다.

2012년, '선저우9호' 우주선이 우주로 발사되었는데, 탑승한 세 명의 우주인 중에는 중국 최초의 여성 우주인 리우양(劉洋)이 포함되어 있었다. 우주선은 '톈궁1호'와 순조롭게 도킹하였고, '톈궁1호'는 처음으로 우주인들을 맞이하게 되었다. 우주인은 우주에서 대지 원격 감응 · 공간물리와 환경관측 그리고 공간재료실험 등의 과학연구를 진행하여 큰 효과를 거두었다.

2013년, '선저우10호' 우주선은 세 명의 우주인을 싣고 발사되었고, 그중 여자 우주인 왕야핑(王亞平)은 우주에서 지상의 6천여만 명의 초중등 학생에게 중국 최초로 '우주 강의'를 진행했다. 무중력 상태에서의 시험은 아이들의 우주탐구에 대한 흥미를 불러일으켰다. 비행 기간 동안 우주인들은 자동 및 수동으로 도킹하는 기술을 시험했고, 그 과정은 매우 순조로웠다. 이로써 중국은 세계에서 세 번째로 자체적으로 도킹하는 기술을 확보한 나라가 되었다.

2016년, 중국은 '톈궁2호' 우주정거장을 발사했다. '톈궁2호' 우주정거장의 외형은 '톈궁1호'와 비슷하다. 그러나 탑재된 실험설비가 대폭으로 증가되었고 더욱 선진화되었다. 구체적으로 살펴보면 우주정거장 수리 기술과 관련된 검증시스템을 처음으로 탑재했으며, 최초로 우주정거장에서 우주인의 출입을 도왔다. 그리고 궤도에서 장비를 조립하고, 화물을 운송하며, 수리하는 등에 활용할 수 있는 로봇팔을 탑재했다. '톈궁2호'의 내부 환경 역시 개선되어 우주인이 우주정거장에서 거주하는 기간에 생활하고 일하기가 더욱 좋아졌다. 같은 해, '선

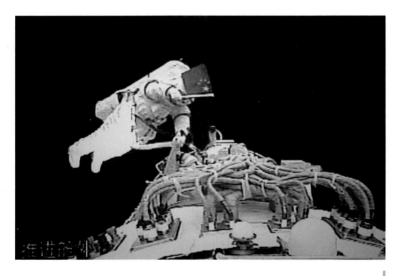

2008년 9월 27일 16시 50분 경, 선저우7호 우주인 자이즈강이 우주선 선실 문을 열고 나가는 모습.
(인민의 시각)

저우11호' 우주선은 두 명의 우주인을 태우고 '톈궁2호' 우주정거장에 순조롭게 안착하여 최첨단 과학실험을 진행했다. 이 임무에서 두 우주인이 우주정거장에서 체류한 기간은 33일에 달하며 이는 중국 유인 우주선 역사상 최장기간 동안 우주에 머문 기록이었다.

달 탐사 프로젝트

 예부터 달에는 아름다운 상징적 의미가 다양하게 부여되었다. 중국 민간에도 '항아분월(嫦娥奔月)'이라고 하는 아름다운 전설이 있다. 1966년, 소련의 무인 달 탐사기 '루나9호'가 성공적으로 달 표면에 착륙하면서 요원하고 고요한 달에 처음으로 인류의 발길이 닿았다.

 달은 그 자체가 하나의 '보물같은 행성'으로, 헬륨—3를 포함한 대량의 진귀한 광산물이 매장되어 있다. 헬륨—3 100톤은 전 세계가 일 년 동안 쓸 수 있는 에너지에 해당하는데, 달의 헬륨—3 매장량은 최대 100만 톤에 달할 뿐만 아니라 누구에게도 소유권이 없기 때문에 세계 각국은 '누가 먼저 도착하고, 누가 개발하고, 누가 소유하는지'의 원칙을 따르게 된다. 이에 각국은 경쟁적으로 달 탐사를 전개하기 시작했다.

 항공우주 대국으로서 중국 역시 달 탐사를 중요한 프로젝트로 여기고 있다. 중국은 달 탐사에 대해 '3단계(三步走)', 즉 '선회(繞)'·'착륙

(落)'·'복귀(回)'라는 세 단계의 계획을 세웠다. '선회(繞)'는 달 탐사기를 발사하여 달 주위를 돌면서 관측하는 것을 말한다. '착륙(落)'은 달 탐사기가 달에 착륙하여 근접 탐색하는 것을 말한다. '복귀(回)'는 달 탐사기가 달과 지구를 왕복 비행하면서 채집한 표본을 지구로 가지고 돌아오는 것을 말한다.

달 탐사 프로젝트 '3단계(三步走)'의 전략적인 계획 아래, 중국은 2007년 달 주위를 비행하는 달 탐사기 '창어(嫦娥)1호'를 성공적으로 발사했다. 탐사기는 역사상 최초로 중국 자체 설비를 이용하여 촬영한 달 사진을 전송해왔다. 2009년 수명을 다한 '창어1호'는 지상 전문 인력의 통제에 따라 달 표면의 예정된 위치에 충돌하여 파괴되었다. 이것은 중국 최초의 달 탐사 임무가 성공적으로 마무리되었음을 나타낸다.

2013년 12월 2일, '창어3호' 달 탐사선은 중국 최초의 달 월면차 '위투(玉兔)호'를 싣고 하늘로 날아올랐다. 이틀 후, 탐사기는 달 표면에 안착하여 '위투호'를 성공적으로 착륙시켰다. '위투호'는 달 표면의 원소 성분을 상세하게 계산하여 중요한 데이터를 획득했다. 이것은 중국 우주설비 최초의 달 착륙이며, 동시에 중국이 세계에서 세 번째로 달 표면에 탐사기를 착륙시킨 나라가 되었음을 의미한다.

2018년 5월 21일, '창어4호'의 중계 위성인 '췌챠오(鵲橋)' 위성이 발

'창어4호'에서 내린 월면차 '위투(玉兔)2호'가 달 뒷면을 이동 중이다. (중신사)

사되었고, 정확하게 달에서 약 6만 5천 킬로미터 떨어진 라그랑주 포인트 L2 위치에 진입하였다. '췌챠오'의 임무는 세계 최초로 달 뒷면에 착륙하는 '창어4호'에 데이터를 연결해주는 것이다. 2018년 12월 8일, '창어4호'가 발사되었고, 110시간의 비행을 거친 후 달 궤도에 정확하게 진입했다. 1월 3일, '창어4호'는 예정된 착륙 위치인 달 뒷면 폰 카르만 크레이터에 정확히 안착하였다. '창어4호'의 성공적인 착륙은 중국이 세계 최초로 달 뒷면에 탐사선을 안착시킨 국가가 되었음을 상징하며, 이로써 달 뒷면의 신비로운 모습이 인류에게 처음 공개되었다.

2020년 11월 24일 4시 35분, '창정5호'가 '창어5호'를 싣고 발사되었다. 12월 1일 '창어5호'는 달 표면에서 표본을 채취하고 밀봉하여 저장장치에 보관하는 임무를 순조롭게 완성하였다. 12월 3일 23시 10분, '창어5호'의 이륙선이 점화하면서 중국 최초의 지구 밖 지역에서 이륙이 성사되었다. 12월 6일 5시 42분, '창어5호'의 이륙선이 궤도선과 복귀선의 조합체와 도킹하였고, 이어서 6시 12분, 샘플 용기를 복귀선에 안전하게 이전하였다. 이로써 중국 최초로 달 궤도상의 도킹이 성사되었다. 12월 17일 1시 59분 '창어5호'의 복귀선은 달 표본을 가지고 네이멍구 쓰쯔왕치(四子王旗) 예정지에 안전하게 착륙하면서 '창어5호' 달 탐사 프로젝트는 성공을 거두었다. 기술적으로 가장 어렵고 힘들다는 항공우주 시스템 공정에서 중국 최초로 지구 밖 전체를 왕복하고, 달 표면에서 표본을 채취하며, 궤도에서 도킹을 진행하고, 표본을 무사히 보존해 가져왔다. 이를 통해 중국 달 탐사 프로젝트의 '선회(繞)'·'착륙(落)'·'복귀(回)'라는 3단계 계획이 예정대로 완수되었음을 입증했다.

중국 달 탐사 공정의 순조로운 전개는 매우 중요한 의의가 있다. 중국은 항공우주 대국으로서 "우주를 누빈다(星辰大海)"라는 매우 원대한 목표를 갖고 있다. 머나먼 우주 공간을 탐사하기 위한 그 첫 단계가 바로 달 탐사 프로젝트인 것이다. 달 탐사 프로젝트의 순조로운 전개는 다음 단계인 우주탐사에 소중한 기술과 경험으로 축적되었다. 이미 2020년 7월 23일에 화성 탐사선인 '톈원(天間)1호'가 발사되었고, 더 나아가 목성 · 토성 탐사도 계획 중에 있다.

세계 각국이 현재 앞다투어 우주 탐사를 진행하는 상황에서, 중국의 달 탐사 프로젝트 성공은 이러한 경쟁 속에서 우위를 점하는 동시에 중요한 역할을 하게 되었다.

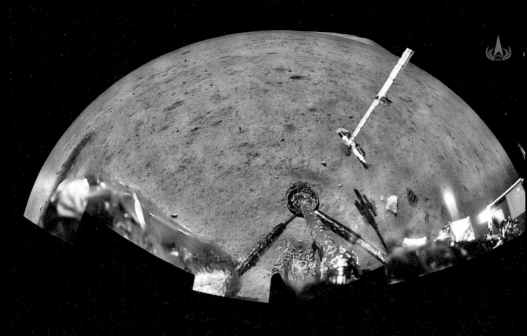

360도 전방위 촬영으로 본 '창어5호' 탐사선 조합체의 전경. 달 표면에 오성홍기가 부착되어 있고, 상단에 이미 표본 채취를 마친 로봇팔 채취기를 볼 수 있다. (중신사)

베이징 시간 12월 17일 1시 59분, '창어5호' 복귀선이 네이멍구 쓰쯔왕치 예정지역에 성공적으로 착륙하면서 중국의 최초 지구 밖 탐사가 성공했음을 알리고 있다. (중신사)

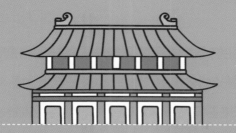

제2장

과학능력자의 면모

중국을 알면 세계가 보인다

과학기술

슈퍼컴퓨터

2008년 베이징올림픽 개막식 때, 베이징 기상청의 일기예보 시스템은 한 시간 단위로 제곱킬로미터(km²) 당 날씨와 공기의 질을 예보했다.

중국산 C919 대형 여객기는 고정밀도 외류장 풍동 계산을 할 때 '톈허(天河)2호' 슈퍼컴퓨터를 이용해 6일 만에 계산을 완료하였다. 이는 중국 상용 비행기 설계 주식회사가 보유한 컴퓨터 플랫폼을 사용하여 약 2년에 걸쳐서야 마칠 수 있었던 작업이었다.

중국의 항공과학자들은 '톈궁(天宮)1호' 비행기의 추락 상태 모의실험을 진행하면서 '선웨이 타이후 라이트(神威 · 太湖之光)'이라는 슈퍼컴퓨터를 사용해 통상 12개월이 걸리는 계산을 20일 만에 끝냈다. ……

2015년 5월, 중국의 대학과 과학연구소가 연합해서 만든 우주 뉴트리노(中微子) 수치 시뮬레이션팀은 '톈허2호' 컴퓨터를 이용해 뉴트리노와 암흑물질의 우주학 수치에 대한 시뮬레이션을 진행하여 우주 대폭발 1,600만년 이후 오늘에 이르기까지 137억 년의 변화과정을 보여주었다.

이러한 과학연구와 엔지니어기술 작업은 상상할 수도 없는 빅데이터를 단시간 내에 처리해야 하는데, 어떻게 가능한 것일까? 이것은 모두 이미 고도로 발달한 중국의 슈퍼컴퓨터 기술에 의지하고 있다. 사실상 중국 사회의 경제 · 정치 · 과학기술 · 국방 · 일상생활 등 모든 영역, 의료위생과 제약 · 지질탐사 · 환경보호 · 지진과 해일 예측 · 재난방지 · 신재료 · 인공지능 · 모의 핵실험 · 반테러와 사회안전 · 금융분석 · 스마트시티 · 전자 상거래 · 인간 행동분석 등 모든 인류의 행동 분야는 이미 슈퍼컴퓨터의 지원을 받고 있다. 슈퍼컴퓨터의 발전 수준은 이미 국가 과학기술발전 수준과 국력의 중요한 표지가 되었다.

서양의 여러 선진국과 비교하면 중국 컴퓨터 기술 발전의 출발은 비교적 늦은 편이다. 중국과학원의 컴퓨터기술연구소는 1957년에 처음 전자 컴퓨터를 연구하였고 1958년부터 사용하기 시작했다. 이 컴퓨터의 계산 속도는 초당 2,500회이다. 1959년 중국 과학자와 연구원이 개발한 중국 최초의 대형 디지털 전자 컴퓨터의 계산 속도는 초당 1만 회이다. 이후 1973년, 중국이 개발한 컴퓨터의 처리 속도는 초당 100만 회에 달했으나 70년대 후반까지도 여전히 초당 백만 회급에 머물렀다. 반면 미국 클레이 컴퓨터회사는 1976년 연산속도가 초당 2억 5천 만에 달하는 슈퍼컴퓨터를 양산했다.

중국 컴퓨터 기술은 개혁개방 이후에 두드러지게 발전했다. 1983년 중국이 슈퍼컴퓨터 '인허(銀河)1호'를 제작하면서 미국과 일본의 뒤를 이어 세계에서 세 번째로 독자적인 슈퍼컴퓨터를 연구 개발한 나라가 되었다. 특히 21세기로 진입하면서 나타난 비약적인 발전은 전세계의 주목을 받았다. 2009년, 중국은 처음으로 연산속도가 천만 억회에 달하는 컴퓨터 '텐허(天河)1호'의 연구 제작에 성공함으로써 미국의 뒤를 이어 세계에서 두 번째로 연산속도 천 조 회의 슈퍼컴퓨터를 제작할 수 있는 나라가 되었다. 당시 글로벌 슈퍼컴퓨터 랭킹 500에서 중국은 세계 5위, 아시아 1위를 차지했다. 2010년 세계 컴퓨터 순위에서 '텐허1호'는 초당 4천 7백 조 회의 연산속도로 1위에 올랐다. 2011년 중국은 세계에서 가장 빠른 500강 슈퍼컴퓨터 가운데 74대를 보유하게 된다.

'텐허1호'의 뒤를 이어 중국과학자와 연구원들은 '텐허2호'의 연구 제작을 시작했다. 280명의 참여자가 2년간 매달리고 약 1억 달러를 들인 끝에 '텐허2호'의 개발에 성공했다. '텐허1호'와 비교했을 때 계산 성능과 정밀도는 모두 열 배 이상 상승했다. 이 컴퓨터는 1시간 동안 연산하는 13억 명이 동시에 계산기를 사용해서 천년을 계산하는 것과 맞먹는다. '톈허2호'는 2014년 글로벌 슈퍼컴퓨터 500강 리스트에서 1위를 차지했고, 2015년에는 초당 33.86페타플롭스(초당 1000조 번의 연산처리)의 연산속도로 다시 한번 우승을 차지했다.

2016년, 중국은 계산능력이 더욱 강화된 컴퓨터 '선웨이 타이후 라이트(神威·太湖之光)'를 탄생시켰다. 2016년 6월 20일 글로벌 슈퍼컴퓨터 500강은 순위를 발표했는데, 중국의 '선웨이 타이후 라이트'가 '톈허2호'를 능가해 지속성능이 초당 93페타플롭스, 최고성능이 초당 125페타플롭스에 달하는 연산속도로 1위에 올랐다. 그 속도는 2위인 '톈허2호'보다 2배 빠르며, 당시 세계에서 처음으로 계산 속도가 초당 10페타플롭스를 초과하는 슈퍼컴퓨터였다. 더 중요한 것은 '선웨이 타이후 라이트'는 중국에게 지적재산권이 있는 마이크로 칩을 사용하여, '중국이 서양의 기술에 의지해서 슈퍼컴퓨터 분야에서 우승을 차지했던' 시대를 종식했다는 점이다. 2016년 11월 미국 솔트레이크시티에서 개최된 국제 슈퍼컴퓨터 대회에서 전 세계 6개 항목의 응용 분야가 '고든 벨'상 최종 후보에 올랐는데, '선웨이 타이후 라이트'의 위력 덕분에 중국팀이 그중 절반을 차지했다. '지구 대기 비고정식 구름 분해 시뮬레이션(全球大氣非静力雲分辨模擬)'·'고해상도 씨웨이브 데이타 모델(高分辨率海浪數值模式)' 그리고 '티타늄합금 마이크로 구조 진화 상자기장 시뮬레이션(鈦合金微結構演化相場模擬)'이라는 3가지 과제가

입상하게 된 것이다.

2017년, 글로벌 슈퍼컴퓨터 500강 리스트에 중국의 '선웨이 타이후 라이트'와 '톈허2호'가 각각 우승과 준우승을 차지했다. 연이어 2018년과 2019년, '선웨이 타이후 라이트'는 제3위를 유지했다.

이외에도 현재 중국 과학자들은 양자컴퓨터를 탐구하고 있다. 2020년 12월 4일 중국과학대학 판젠웨이(潘建偉)가 이끄는 팀이 76개 광자의 양자컴퓨팅 프로토타입 '주장(九章)'을 개발하여 수학 알고리즘인 '가우스보손 샘플링(高斯玻色取樣)'을 구현함으로써 중국 양자컴퓨터연구의 이정표를 세우게 되었다. 이로써 양자컴퓨터 분야는 세계 각국의 각축장이 되었다.

'텐허2호' 슈퍼컴퓨터 시스템. (비주얼 차이나)

슈퍼컴퓨터 '선웨이 타이후 라이트(神威·太湖之光)'는 중국의 자체적인 칩을 사용하여 제작되어,
최고 연산속도는 초당 10페타플롭스 부동소수점 연산 능력을 초과한다. (중신사)

베이징 양전자 충돌형 가속기

양전자 충돌형 가속기라는 명칭은 매우 거창하게 들리는데, 실제로도 그러하다. 양전자 충돌형 가속기는 고에너지 물리학 영역의 중요한 과학연구 설비이다. 설계와 제작이 매우 어렵지만 과학적인 연구 가치가 매우 크다 하겠다.

세상의 만물은 모두 작은 원자로 구성되어 있다. 원자는 화학 반응에서 가장 작은 더 이상 분해되지 않는 단위이다. 양전자 충돌형 가속기는 화학 반응에서 더 이상 분해될 수 없는 원자를 한 번 더 구분하여, 더욱 작은 양자 · 전자 · 중성자 등의 미립자로 분해할 수 있다. 양전자 충돌형 가속기는 우리가 미세한 물질을 연구할 수 있도록 해준 설비이며, 이러한 '가장 미시적인 세계'의 연구를 통해 물질의 심층적인 구조를 발견할 수 있다.

국민 생활과 밀접한 수많은 중요 영역에서의 과학연구, 가령 항공 엔진에 필요한 재료과학, 지질 · 해양 · 기후변화를 연구하는 지구과학, 신재료 영역의 화공화학, 신형 약물을 개발하는 생물의학, 정밀기계 영역의 초소형 기계기술, 칩 연구개발의 마이크로 전자기술 등등은 모두 양전자 충돌형 가속기와 긴밀한 관계가 있다. 이제 대형 양전자 충돌형 가속기를 보유하고 있는지 여부는 한 국가의 과학연구 실력의 중요한 지표이자, 그 나라가 강대국임을 나타내는 표시가 되었다.

중화인민공화국 성립 이후, 제한된 재정조건 하에도 고에너지 물리학 영역의 발전은 지속적으로 중시되었다. 저우언라이 총리의 적극적인 지지를 받아 중국 정부는 1973년 고에너지 가속기의 연구계획을 비준했다. 개혁개방 이후, 덩샤오핑의 지지로 양전자 충돌형 가속기의 연구 및 제작은 국가 중점건설 항목이 되었다. 1983년, 충돌형 가속기 프로젝트팀이 조직되었고, 백여 개 과학연구기관의 지원을 받으며 연구에 몰두하였다. 1984년 10월 7일, 베이징 양전자 충돌형 가속기 프로젝트가 정식으로 첫 삽을 떴으며, 4년간의 노력 끝에 1988년 10월 16일 검수 기준을 통과하여 신속하게 과학실험에 투입되었다.

베이징 양전자 충돌형 가속기의 건설은 중국이 고에너지 물리학 영역이 크게 발전했음을 의미하는 것으로, 『인민일보』는 양전자 충돌형 가속기를 '원자탄 · 수소탄 · 인공위성(兩彈一星)'의 뒤를 잇는 과학기술의 성취라 칭했다. 양전자 충돌형 가속기가 투입되면서부터 지금까지 많은 과학연구의 성과를 이룩했으며, 그중 많은 부분이 국가경제

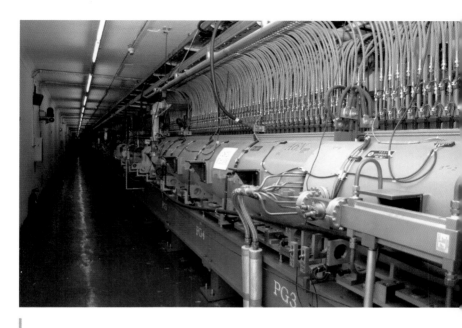

2009년 7월 17일, 5년간 6.4억 위안이 투입된 베이징 양전자 충돌형 가속기 중대 개조공정(BEPCII)이 국가 검수기준을 통과했다. (중신사)

와 국민생활에 영향을 주었다. 예를 들어, 2003년 '사스' 전염병이 발생하던 시기에 대형 양전자 충돌형 가속기를 이용하여 SARS 바이러스의 단백질 분해 효소인 프로타미나아제(Protaminase) 대분자 구조를 찾아냈는데, 이는 과학자들이 바이러스 및 백신 연구개발에 몰입하는 계기가 되었다.

양전자 충돌형 가속기의 건설과 사용으로 중국은 여러 분야의 과학기술 실력을 향상시킬 수 있었으며, 첨단기술의 산업화에 결정적인 역할을 하였다. 양전자 충돌형 가속기로 인해서 중국의 초전도체 · 고성능 자석 · 고안정성 전원 · 초고속 데이터 처리 등의 기술은 장족의 발전을 이룰 수 있었고, 이러한 중대한 과학기술의 기초가 바로 중국 첨단기술산업의 요람이라 말할 수 있다.

초전도 토카막 핵융합 실험장치

1960년대, 인류의 첫 번째 원자력발전소가 전력을 송출하면서 원자력 에너지 시대가 도래했음을 나타냈다. 원자력 에너지는 지금도 앞으로도 당분간 인류에게 무한한 에너지를 제공해줄 수 있는 최선의 방안이다. 그러나 현재 원자력발전소가 사용하고 있는 발전 방식은 모두 핵분열 방식이다. 핵분열은 우라늄이나 플루토늄을 핵연료로 하고, 중성자 충격의 방식을 통해 핵분열 연쇄반응을 일으켜 에너지를 방출한다. 간단하게 말하자면, 핵분열 발전은 제어 가능한 것이며, 에너지를 매우 천천히 방출시킬 수 있는 '원자폭탄'인 것이다. 핵분열 발전이 비록 화석연료에 비해 깨끗하다고는 하나, 여전히 대량의 핵폐기물이 존재하여 토양과 물에 심각한 오염을 만들어 낸다. 공포감이 나날이 심각해지는 상황에서 핵 안전은 인류가 당면하고 있는 거대한 도전이라 할 수 있다.

전 세계 과학자들은 모두 인류가 핵에너지를 사용하는 최선의 해결방식은 바로 핵분열보다 한 단계 높은 '핵융합'을 사용하는 것이라고 말한다. 만약 핵분열 발전을 안정적 연료의 '원자탄'이라고 이해한다면, 핵융합 발전은 안정적 연료의 '수소탄'이라 할 수 있다. 사실 인류는 계속 핵융합 에너지를 사용하고 있는데, 그것은 바로 태양이다. 태양은 안정적인 핵융합 방식으로 에너지를 방출하며, 지금까지 50억 년 동안 연소하였다. 인류가 만약 기술적인 수단으로 핵융합 과정을 천천히 안정적으로 제어할 수 있다면, '인공태양'이 탄생하는 것과 다름 없다. 핵분열이 우라늄이나 플루토늄을 사용하는 것과 달리, 핵융합의 연료는 엄청난 매장량을 지닌 '듀테륨(氘, deuterium)'이다. 듀테륨은 수소의 동위원소로, 바닷물 속에 매장량이 45조 톤에 달하여, 모두 다 연소시킨다 하더라도 인류가 100억 년 이상 사용할 수 있다. '인공태양'은 인류가 에너지 문제를 해결할 마지막 수단이라 할 수 있다.

'초전도 토카막'은 인공태양의 전문용어이다. 그것은 초전도체 재료를 사용하여 제작되고, 외형은 거대한 원환(圓環) 형태이며, 환의 내부는 속이 비어있는 상태이고, 원환의 외부에는 겹겹이 코일이 감싸져 있다. 설비가 가동되면, 내부에는 거대한 자기장이 만들어지고, 이러한 초강력 자기장을 이용하여 핵융합으로 생성된 고온 플라즈마를 제어함으로써 태양이 안정적으로 연소될 때의 상태를 모방하는 것이다.

중국은 일찍부터 초전도 토카막을 국가 중점 프로젝트 항목으로 채택하여 '초전도 토카막 둥팡차오환(東方超環)'이라고 명명하고 그 영어 약칭은 'EAST'라고 정했다. 'EAST'는 1998년에 정식 건설되기 시작했고 2006년 완성되어 처음으로 방전 실험에 성공하였다. 'EAST'는 세계 최초로 건설되어 시험에 투입된 초전도 토카막 장치로, 이는 중국이 핵융합 연구 영역에서 세계에서 앞서나가고 있음을 의미한다.

'EAST' 건설 후, 중국은 후속으로 진행된 여러 실험에서 연속해서 세계기록을 세웠다. 2012년, 'EAST'는 고온 플라즈마를 안정적으로 30초 이상 유지하여 방전시간의 새로운 세계기록을 세웠다. 2016년에는 고온 플라즈마를 안정적으로 102초 이상 유지하였고, 내부 온도 역시 처음으로 태양 표면과 같은 섭씨 5,000만 도를 기록했다. 다시 2017년에는 섭씨 8,000도까지 올렸다. 2018년 11월에는 섭씨 1억 도, 운행시간 근 10초에 달하는 세계기록을 세웠다. 2020년 12월 4일 14시 2분, 차세대 '인공태양' 장치인 '중국 토카막 신2호 M(中國環流器新2號M, HL-2M)'이 청두(成都)에 만들어져 처음으로 방전을 진행하였다. 이처럼 중국 핵융합 연구와 실험은 이미 국제적으로 가장 선두의 자리에 서 있다. 초전도 토카막 핵융합 장치의 연구는 인류의 에너지 안전에 커다란 의미를 부여한다.

'인공 소형 태양'인 초전도 토카막 핵융합 실험장치의 전경. (비주얼 차이나)

대형 윈드터널

윈드터널(風洞), 즉 풍동실험실(wind tunnel test)은 파이프 형태의 실험설비이다. 그것은 인공적인 방식으로 기류를 만들고, 물체 주변 기체의 움직임을 시뮬레이션하여 기류의 물체에 대한 작용 효과를 측정

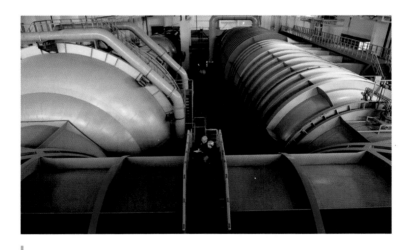

중국항공공업기동원(中國航空工業氣動院)이 자체적으로 연구 개발한 FL-62 풍동 설비. (인민의 시각)

하는 것이다. 비행물체를 연구 · 제작하는 과정에서 풍동실험은 반드시 필요한 과정이다. 공기 역학 공업의 발전에 따라 풍동의 영향은 교통운수 · 건설건축 · 풍력발전 등의 영역에까지 확대되었다.

쓰촨 서부 산악지역에 위치한 중국 공기 동력 발전과 연구센터 장비는 아시아 최대의 풍동 그룹을 이루고 있다. 이 센터는 각 풍속의 풍동 52개를 건설했고, 8개의 세계 일류의 풍동 시스템을 구축했다. 이곳 풍동의 컴퓨터 시스템 최고 연산속도는 초당 10조 회에 달한다. 풍동 테스트 · 수치계산 · 모형비행시험 등의 기술을 통해 저속에서 24배 음속에 이르는 공기 동력 실험을 진행할 수 있다. 중국의 다양한 전투기 · 우주 항공기 · 자기부상열차 · '허셰(和諧)호' 초고속열차 · 둥팡밍주(東方明珠) 등의 초고층건물 · 항저우만(杭州灣) 해상대교 등 중요한 장비와 대형 건축물은 모두 여기에서 풍동 실험을 진행했다. 그 결과 본 센터의 종합적인 실험 성능은 세계 최고 수준에 이르게 되었다.

진핑 지하실험실

    현대 천문학에서는 우주에 빛이나 전자기 방사선을 발사하지 않는 암흑물질이 존재한다고 믿고 있다. 암흑물질은 직접 관측할 수는 없지만, 암흑물질이 만유인력을 만들어 낼 수 있어서 인간은 이를 통해 우주에 암흑물질이 존재한다는 것을 간접적으로 알아낼 수 있었다. 현대 천문학 연구에서는 인간이 직접 감지할 수 있는 물질은 대략 우주의 4%이고, 암흑물질이 우주의 23%, 그리고 나머지 73%는 우주의 가속 팽창을 야기하는 암흑에너지라고 밝히고 있다.

    현대 천문학은 암흑물질 관측에 직간접적인 관측 방법을 모두 사용한다. 직접 관측은 원자핵과 암흑물질 충돌 방법을 이용해서 충돌 시 발생하는 신호를 관측하는 것이다. 간접 관측은 지면이나 우주에 설치한 망원경을 통해 암흑물질 간의 충돌로 발생하는 보통물질 입자 신호를 탐측하는 것이다. 지면에서의 간접 관측은 우주 방사선의 간섭을 받을 수 있는데, 탐측기는 우주 방사선의 방해를 받지 않는 환경에서 작업을 진행해야 한다. '진핑(錦屛) 지하실험실'이 바로 이러한 이상적인 환경을 제공해주는 곳이다.

2005년부터 2015년까지 중국은 진사(金沙)강의 최대 지류인 야룽(雅礱)강에 대형 수력발전소를 건설하였는데, 수력발전소를 짓고 남겨진 진핑(錦屛)산 터널이 지하실험실 건설에 이상적인 장소가 되었다. 터널은 길이가 17.6 킬로미터, 수직으로 암석까지의 높이는 2,400 미터로, 현재 세계에서 암석 복개층이 가장 두꺼운 지하실험실이다. 이탈리아 중부 그란사소산에 위치한 유럽 지하실험실은 지하 1,400m 깊이에 있음에도 불구하고 우주방사선이 입자물리학자에게 여전히 골칫거리가 된다. 진핑산 지하실험실 우주방사선의 강도는 그란사소산의 200분의 1에 불과하여 과학자들에게 세계에서 가장 우수한 암흑물질 관측소를 제공한다. 2018년 6월, 중국 암흑물질 실험 합작팀은 세계에서 처음으로 고청정도 게르마늄 관측 시스템을 이용하여, 일정 범위 내에서 암흑물질의 직접 관측 정밀도를 현재 세계 최고 수준까지 향상시켰다. 진핑 지하실험실의 건설은 중국 과학자들이 국제무대에서 기초 연구를 주도할 수 있도록 만들어 주었다.

중국 전파망원경
톈옌 FAST

FAST는 현재 전 세계에서 가장 크고, 가장 정밀한 500m 구경의 전파망원경으로, 일찍부터 별자리를 관찰해왔던 옛 선배 천문학자들에게도 부끄럽지 않은 걸작이다.

천문학 분야는 고대 중국에서부터 시작되었다. 유구한 역사 속에서 중국은 천체관측·역법 편찬·측량기구 제작 등의 성과를 내놓았다. 중국 허난 안양(安陽)에서 출토된 은허(殷墟) 갑골문(甲骨文)에는 대량의 천문현상 기록이 보이는데, 이것은 3,700여 년 전의 중국 천문학이 이미 상당히 발전되었음을 의미하는 것이다. 고대 중국인은 태양·달·행성·혜성·신성·항성 등의 일상적인 것과 일식·월식·태양흑점·홍염(프로미넌스)·유성우 등의 흔하지 않은 천문현상까지 관측하고 기록하였다. 이러한 기록은 세계에서 역사가 가장 오래되었고, 관찰이 상세하고 정확하다고 공인되었다.

역법제작 분야에서는 이미 4,700년 전에 『황제력(皇帝曆)』이라는 역법서가 만들어졌는데, 여기에 기록된 시간 계산 방식은 오늘날 민간에서 여전히 사용하고 있다. 4,300여 년 전 요(堯)나라 때는 별 모양을 관측하는 관리(星象之官)를 두어 '별 모양을 관측하여 시간을 정하는 일'을 담당하기도 했다.

측량기구 분야에서는 3,000여 년 전 서주(西周) 시기에 별 모양을 관측하는 관리들이 농업생산을 지도하기 위해 만든 규표(圭表)라는 도구가 있다. 규표를 이용하여 해의 그림자를 측량하여 동지와 하지 등 24절기를 확정하는 것이다. 천문 측량기구의 제작은 한(漢)나라 때 크게 발전했다. 2,000여 년 전, 서한(西漢)의 천문학자 낙하굉(落下閎)은 천체의 위치를 측량하는 혼천의(渾天儀)를 만들었다. 2세기경, 동한(東漢) 천문학자 장형(張衡)은 낙하굉의 혼천의를 한층 발전시켰다. 2세기부터 16세기 이전까지, 유럽에서는 천문학의 발전이 매우 더디게 진행되었다. 그러나 중국 천문학의 발전은 큰 성과를 올렸으며, 그중 대표적인 것으로 원대(元代) 천문학자 곽수경(郭守敬)의 공헌을 꼽을 수 있다. 그는 고표(高表)·후극의(候极儀)·간의(簡儀)·혼천상(渾天象)·입운의(立運儀)·앙의(仰儀) 등 십여 개의 천문 측량기구를 만들어, 천문 관측의 범위를 확대하고 정밀도를 향상시켰다. 이를 기초로 1280년에 편찬한 『수시력(授時曆)』에서 365.2425일을 일 년으로 설정했는데, 이 수치는 현재 세계에서 통용되는 양력과 같으며 유럽의 그레고리력

세계에서 현존하는 가장 오래된 별 그림. 당대(唐代)에 그려졌으며, 별자리 위치가 매우 정확하다. (비주얼 차이나)

간의는 원대 천문학자 곽수경이 1276년에 제작한 천체 위치를 측량하는 기구이다. 복잡한 구조의 당송시대 혼의를 간략화했기에 간의라고 칭한다. 기구에는 상호 독립적인 적도좌표계와 지평좌표계를 포함하고 있고, 지구가 태양을 공전하는 주기를 365.25일로 하였다. (비주얼 차이나)

보다 300년이나 앞선 성과이다.

중국 허난성 덩펑(登封)시 가오청(告城)진 북쪽에는 원대 천문학자 곽수경이 건조한 관성대(觀星臺)가 지금까지 남아 있다. 또 관성대에서 멀지 않은 곳에 3,000여 년 전 주공(周公)이 만든 태양 측량기구인 주공측경대(周公測景臺) 유적이 있다. 두 유적은 약 2,000년이라는 시

허난성 덩펑시에 있는 관성대. (비주얼 차이나)

간 격차가 있는 만큼 고대 중국 천문학이 꾸준하게 성과를 이루고 있음을 말해준다. 이러한 천문에 관한 스토리는 오늘날의 천문학자들에 의해서 계속해서 이어지고 있는데, 그 주역은 바로 천문학자 난런둥(南仁東)과 그가 이끄는 팀이다.

우주의 미약한 전자파 신호를 최대한 수집하고, 비밀스러운 우주 사각지대에 접근하며, 동시에 중국의 우주 탐측수준을 한 단계 끌어올리기 위해서는 구경이 최대한 큰 망원경을 제작해야 했다. '중국 톈옌(天眼)' 건설에 대한 구상은 중국의 난런둥 교수가 1994년에 처음으로 제창하였다.

2016년 9월 25일, 22년이라는 기나긴 설계와 건설 과정을 거쳐 세계에서 가장 크고 가장 정밀한 500미터 구경의 전파망원경(약칭 'FAST')가 완공되어 가동되기 시작했다. 세계 대형 전파망원경 중 정상급에 있는 'FAST'는 우주 끝 백억 광년 밖에서부터 오는 전자파 신호 수집·우주 기원 탐색·외계 생명체 탐색·외계 문명으로부터 온 신호 수집과 분석·펄사(pulsar) 신호 수집·우주 다음 단계로의 변화에 대한 추론 등 중대한 과학적 사명을 지니게 되었다.

천문관측 임무를 담당하고 있는 'FAST'는 국가의 보물이라 하기에 손색이 없으며, '중국 톈옌'이라는 별칭이 있다. 'FAST' 이전에 세계에서 가장 큰 전파망원경은 미국의 구경 300미터짜리 '아레시보'였는데, 관측 능력의 한계 등이 드러나던 중이었다. 관측 수준을 향상시키기 위해, 중국의 전파망원경은 반드시 '아레시보'의 구경을 능가해야 했다. 그러나 당면한 한계점을 넘어 더 큰 구경의 전파망원경을 제작하기 위해서는 와이어와 디스크드라이버 등의 핵심부품의 품질이 더욱 향상되어야만 했다.

초대형 구경의 전파망원경 건설 입지를 선정하기 위해 난런둥은 과학연구팀을 데리고 중국 전역을 돌아다니며 셀 수 없이 많은 지형을 탐측하였다. 최종적으로 구이저우(貴州)성 쳰난(黔南) 카르스트 지형에 위치한 천연 와지를 초대형 구경 전파망원경 건설에 가장 적합한 장소로 선정하였다. 이 카르스트 지형 와지의 개구 면적은 매우 넓어서, 초대형 구경 전파망원경 건설의 필요조건에 부합되고, 구덩이의 모양이 표준 반구형에 근접하여 반사면의 네트워크 와이어와 다운홀(Downhaul)을 배치하고 고정하는 데에 유리하여 매우 작은 중력 부하에서도 초대형 구경을 제작할 수 있었다.

2011년 3월, 'FAST' 공정은 구이저우 핑탕(平塘)현에 있는 카르스트 와지에서 정식으로 건설되었다. 5년간의 건설 기간을 거쳐, 2016년 7월 3일 가장 마지막 반사판을 설치함으로써 중국 자체 지적재산권으로 'FAST' 건설이 완성되었다. 'FAST'의 구경은 500미터라는 매우 경이로운 크기이며, 이는 세계에서 두 번째로 큰 300미터 구경의 '아레시보'를 훨씬 능가하는 크기이다. 이로써 현재 세계에서 가장 크고, 탐측 능력이 가장 뛰어난 전파망원경을 보유하게 되었다.

'FAST'는 카르스트 와지의 지세에 따라 건설되었다. 50개의 대형 강철 지지대가 구덩이 주변을 둘러싸며 세워졌고, 그 강철 지지대 위에 구경 500미터짜리 거대 강철 원형 고리를 설치했는데, 이것이 바로 'FAST'의 핵심 지탱 구조가 된다. 이어서 'FAST'만의 독보적인 신기술인 '네크워크 와이어(素網)' 구조가 등장하는데, 즉 6,670개 와이어 로프로 만들어진 네트워크 와이어를 500미터 구경의 강철 환영 고리에 걸어 고정하는 것이다. 그리고 'FAST'의 핵심 탐측 설비라 할 수 있는 4,450개에 달하는 반사면은 네트워크 와이어 위에 깔아 설치되었다. 구덩이 아래쪽에는 2,200대에 달하는 액추에이터가 분포되어 있는데, 이 액추에이터는 아래에 연결된 케이블 조작을 통해 네트워크 케이블의 모양을 컨트롤해서 망원경을 구면과 포물면으로 상호 전환시킬 수 있다. 지금까지 없었던 거대한 규모와 정밀한 탐측 능력으로 인해 매우 복잡한 제어 시스템이 필요하게 된 것이다.

'중국 텐옌(天眼)'이라 부르는 500미터 구경의 구면 전 파망원경은 중국 천문학자 난런동이 1994년 구상하고 22년의 건설 기간을 거쳐 2016년 9월 25일 완성되었다. (인민의 시각)

이전의 모든 전파망원경과 비교하면, 'FAST'는 또 다른 독보적인 기술을 보유하고 있다. 그것은 바로 피관측 성체를 장시간 추적할 수 있는 기능이며, 이러한 기능으로 초정밀 이미지를 획득 할 수 있었다. 이 기능을 위해 과학연구팀은 매우 복잡한 제어 시스템을 개발하였다. 바로 2,200대의 액추에이터 위에 설치된 반사면을 조종하여 중앙에 위치한 이동반사시스템(饋源系統, reflex feed system)과의 협동 작업을 통해 피관측 성체에 대한 지속적인 추적을 실현한 것이다.

'FAST'는 세계적으로 유래없는 대형 전파망원경으로, 초대형 크기에 복잡한 시스템을 갖추고 있으며 대부분의 기술은 세계에서 처음으로 사용된 것이었다. 중국의 과학자들은 어떠한 참고할 만한 경험이 없는 상황에서의 수많은 난관을 극복하고 뛰어난 업적을 이루어냈다.

'FAST'가 2017년 정식으로 가동된 이후 이미 114개의 새로운 펄사(pulsar)를 발견했다. 그중에는 2018년 4월 28일에 발견한 인류 천문 역사상 처음으로 관측한 전파 흐름이 매우 미약한 밀리세컨드 펄서(millisecond pulsar)가 포함되는데, 이는 천문학 발전에 매우 중대한 공헌에 해당한다.

양자통신

　통신설비는 국가의 중요한 기초 시설이다. 그 안전성의 여부는 국민경제와 국가안전에 매우 중요한 영향을 미친다. 과거부터 지금에 이르기까지 정보 안전으로 야기된 문제가 국가 이익에 중대한 손해를 입히는 경우가 끊임없이 존재했다. 심지어 전쟁에서 정보 문제는 전쟁의 국면을 전환할 수 있는 중대한 요소이다. 예를 들어, 미드웨이 해전에서 미군은 일본 해군의 통신 기밀을 수집하여 일본 해군 함대의 동향을 파악하고 열세에 놓여 있는 상황에서도 승리를 거둘 수 있었으며, 이로써 태평양 전쟁의 국면을 전환시켰다.

　통신의 안전성은 이와 같이 매우 중요하기 때문에, 모든 나라는 전력을 다해 자신들의 정보 안전 수준을 향상시키려고 노력한다. 전통적으로 정보 안전성을 향상시키는 가장 주요한 방법은 정보에 대하여 여러 단계의 긴밀한 보안 절차를 만들어, 그것을 해독하려면 많은 시간과 자본을 쏟게 만드는 것이다. 하지만 컴퓨터 기술의 신속한

발전 및 해커들의 기술 수준이 대폭 향상됨에 따라 정보를 겹겹이 쌓아 보안하는 전통적인 방법은 점점 신뢰도가 떨어졌고, 해킹을 당하는 경우도 자주 발생하여 국가와 기업까지 모두 막대한 손실을 입었다. 만약 '절대적으로 안전한(絕對安全)' 통신 수단을 개발할 수 있다면 경제 · 국방의 안전을 최대한 지켜낼 수 있고, 그 의의가 매우 클 것이다.

신비로운 양자통신기술로 절대적으로 안전한 통신 시스템 건설이 현실화되었다. 양자통신은 양자역학 원리인 '양자얽힘(量子糾纏, Quantum entanglement)'의 원리를 통해 정보를 전달한다. '양자얽힘'은 두 입자가 아무리 멀리 떨어져 있어도 두 입자는 긴밀하게 연결되어 있어, 그중 한 입자에 어떠한 미세한 변화가 생기면 다른 입자가 어디에 있더라도 '아무런 이유 없이(憑空)' 즉각적으로 이에 상응하는 변화가 생긴다. 이러한 변화의 속도는 광속을 뛰어넘을 뿐 아니라 공간을 초월한다. 현재의 연구에서는 두 입자 간의 양자얽힘이 작용하는 거리는 우주와의 거리를 뛰어넘는다고 밝히고 있다. 신호를 송출하는 측의 입자에 변화가 생기면 신호를 수신하는 측의 입자 역시 매우 짧은 시간 내에 즉각적으로 그에 상응하는 변화가 나타나는데 이러한 변화를 역으로 추산하면 송출한 정보를 알아낼 수 있다. 두 입자 사이의 얽힘에 대하여 제3자의 어떠한 관찰이나 간섭(적대국의 도청이나 교란작전)이 있어도 입자 사이의 얽힘을 파괴시킬 수 있고 그러면 통신하는 양측이 모두 감지할 수 있다.

양자통신의 이러한 특징은 '절대적으로 안전한' 통신망 구축을 가능하게 했다. 제3자의 해킹·도청 기술이 아무리 발전하고, 암호해독능력이 아무리 진화했다고 하더라도 양자통신을 해킹할 수 없다. 양자통신은 통신에 존재하고 있던 근본적인 안전문제를 해결했다고 여겨진다.

중국은 양자통신기술의 발전을 줄곧 중시해왔기 때문에 정부의 전폭적인 지지로 판젠웨이(潘建偉) 원사를 필두로 한 연구개발팀이 조직되었다. 실험실에서의 연구이든 산업현장에서의 응용이든, 현재 중국의 양자통신기술은 세계에서 선두 자리에 있다. 2016년 8월 16일, 중국은 세계 최초로 양자 과학실험 위성 '모쯔(墨子)호'를 발사했다. '모쯔호'는 궤도에 진입한 후 양자얽힘과 관련된 시험을 성공적으로 진행했다. 위성은 동시에 서로 1,200km 떨어져 있는 칭하이(青海) 더링하(德令哈) 통신기지와 윈난 리쟝(麗江) 통신기지 사이에 양자통신라인을 구축하여, 두 기지 사이의 광자(光子)에 얽힘현상을 만들어내는 데 성공했다. 이것 역시 세계 최초로 우주에서 진행된 양자얽힘 시험이었다.

양자통신위성 모쯔호 모형. (비주얼 차이나)

　같은 해 11월, 중국은 세계에서 가장 먼 거리의 양자통신라인인 '징
후(京滬) 양자통신라인'을 구축하여 사용하였다. 통신라인의 전체 길
이는 2,000km이며, 양쪽의 끝은 각각 베이징과 상하이이다. 중간에
많은 동부 주요 도시 및 지역과 연결하고, 지난(濟南)과 허페이(合肥) 두
도시에 대형 중계소를 설치했다. 통신라인은 최종적으로 우주의 '모
쯔호' 위성과 연락하여 완전한 양자통신시스템을 구축하여 금융 · 정
치업무 · 국방 등 매우 중요한 기밀 정보 전송에 활용하는 것이다. '징
후양자통신라인'의 건설은 중국의 양자통신기술이 실험실에서 벗어
나 산업화 방면에서도 세계적으로 앞서나가고 있음을 의미하는 것이다.

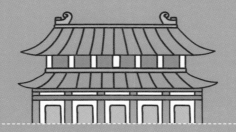

제3장

메이드 인 차이나 레전드

중국을 알면 세계가 보인다

광학기술

실드 머신

　지하철 건설 또는 도로 건설 도중 산지나 하상(河床)을 만나게 되거나 도시의 상하수도관, 가스관, 전기케이블, 통신케이블 등의 매립시설을 지나게 되면 어김없이 지하터널공사를 해야 한다. 터널시공을 하면서 어떻게 효율과 속도를 높이고 동시에 환경파괴와 대민피해를 줄이면서 교통에 방해를 주지 않을까 하는 문제는 시공업자들이 늘 고민하던 문제였다. 이러한 문제를 해결하기 위해 사람들은 터널을 뚫는 기계인 실드 머신을 발명하였다.

　실드 머신은 실드 터널 굴진기의 약칭으로 약 200여 년의 역사를 갖고 있다. 이 기계는 19세기 20년대 프랑스에서 탄생하였고 1843년 영국 런던 템스강 밑바닥에 지하철 노선을 시공하면서 처음 운행되었다.

　오랜 기간 일부 선진국들이 실드 머신의 제조기술을 독점해왔는데 그 중 독일과 일본의 기술이 가장 앞서나갔다. 현재 실드 머신은 지질, 토목, 기계, 재료, 역학, 광학, 유압, 전기, 제어, 감지, 정보, 측량 등 다양한 학문과 기술 분야가 집약되어 있다. 실드 머신은 마치 강철로 만들어진 지렁이처럼 지하 속을 다니며 토석을 채굴하고, 갱도를 지보하며, 폐토를 운반하는 여러 가지 임무를 동시에 수행하며 한 번에 터널을 만드는 능력을 지니고 있다.

90년대 이전 중국의 터널시공은 여전히 전통적인 방법에만 의지했다. 드릴 로드를 이용해 뚫고 구멍을 내어 폭파시키며, 주로 인력을 사용해 폐토를 운반했다. 이후 기계장비의 발달로 착암기 같은 설비를 많이 이용하였다. 하지만 여전히 낙후된 방식으로 인해 시공효율은 상당히 낮았다. 베이징 지하철 1호선의 1기 공정은 1965년 7월에 착공하여 1969년 10월에 개통되었다. 당시 채택한 개착 공법(開鑿工法, open cut method)으로 십여 킬로미터를 시공하는데 4년 이상이 소모되었으니 매일 진도량이 2미터 정도에 불과했다. 현재 실드 머신의 시공시간은 통상 매일 10미터 정도가 되므로 그 차이가 크다.

90년대 이후부터 중국에서도 실드 머신을 이용한 공사를 시작했다. 하지만 중국은 독립적인 설계 및 제조 능력을 갖추지 못했기 때문에 외국에서 제조된 고가의 질 낮은 기계가 실드 머신 시장을 장악하고 있었다. 보통 실드 머신 한 대가 종종 억 위안을 웃돌았다. 가령 1997년 친링(秦嶺)터널 시공 때 독일에서 들여온 두 대의 실드 머신을 사용했는데 대당 가격이 3억 위안을 초과했다. 또 강주아오(港珠澳) 대교 건설 때는 저수율 등의 요인으로 침매터널기술을 채택했는데 6.7킬로미터나 되는 해저침매터널에서는 오픈식 채굴방식을 사용할 수 없었다. 그래서 반드시 실드 머신을 사용해야만 했고, 독일이 7억 위안이나 되는 최고가를 불렀지만 가격협상의 여지가 없었다. 서비스에 있어서도 기계 고장이 발생하면 중국 쪽 시공 날짜에 맞춰주지 않았기 때문에 하루 지체될 때마다 몇만 위안의 손실이 발생하였다. 심지어는 외국 엔지니어의 고액 출장비까지 부담해야 했다.

실드 머신은 중국 시장 내에 엄청난 수요를 갖고 있다. 2011년에서 2015년만 해도 중국에서 건설한 도시철도 교통노선이 2,100여 킬로미터, 투자액은 12,289억 위안에 달한다. 도시 내 지하통로 아케이드 역시 실드 머신의 거대 시장으로, 2015년 한해에만 중앙정부에서 전국 36곳의 중소도시에 지하 아케이드 테스트 공정을 개시하였다. 이같은 시장의 끊임없는 수요와 실드 머신 외국 제조업체의 기술과 가격 상의 농단은 중국이 실드 머신을 자체적으로 개발하게 만들었다.

2002년, '국가고급기술연구발전계획'(일명 '863계획')에 실드 머신 연구가 편입되었다. 2004년 10월에는 상하이 터널공정주식유한회사에서 첫 번째 국산 실드 머신인 '셴항(先行)호'를 내놓았다. 2006년 12월에는 직경 6.34미터짜리 '셴항2호'가 완성되었는데 이는 33가지 기술

항목의 특허를 보유해 70%의 국산화를 이룩했다. 그 가격은 일본에서 나온 동종 상품의 1/3에 불과했고 이로써 서양의 실드 머신이 판을 치던 국면을 타파하게 되었다. 2008년 4월에는 '863계획'에 따라 중톄(中鐵)터널그룹 예하 터널설비제조회사에서 연구 개발해 일부 지적 재산권을 보유하게 된 '중궈중톄(中國中鐵)1호'가 만들어진다. 2009년 9월에는 완전한 지재권을 보유한 직경 11.22미터짜리 미장식 실드 머신인 '진웨(進越)호'가 성공적으로 개발되었는데 이것은 중국 실드 머신 제조기술이 선진국의 대열에 들어갔음을 상징한다. 이로부터 중국 실드 머신 제조업은 놀라운 속도로 발전하게 된다.

2012년 3월 9일, 2년간의 노력을 통해 중쟈오톈허(中交天和)기계설비유한공사에서 연구 개발 '톈허(天和)호'가 완성되었다. '톈허호'는 직경 15.3미터, 전장 133미터, 중량 4,758톤의 제원을 갖는다. '톈허호'와 동시에 개발이 진행된 '톈허1호'는 2010년 6월에 연구가 시작되어 2012년 1월에 검수를 마쳤다. '톈허1호'는 직경 15미터, 길이 130미터, 중량 4,758톤으로 이루어져 있다. 2015년 7월 2일, '톈허1호'는 난징 웨이싼(緯三)로 터널 남쪽 라인의 시공에서 성공적인 임무를 마쳤다. 이는 동종 터널 가운데 세계에서 가장 길고, 가장 깊으며, 가장 어려웠던 곳으로 초대형 실드 머신 시공 역사의 한 획을 그었다고 볼 수 있다. '톈허호'와 '톈허1호'는 5가지 국제 창조기술특허와 다종의

중톄(中鐵) 공정장비그룹 유한회사에서 생산한 실드 머신. (TBM, Tunnel Boring Machine)(비주얼 차이나)

중국 국가발명특허를 보유하면서 해외 제조업체가 가진 복잡한 실드 머신의 제조기술 영역을 일시에 따라잡았다.

또 2014년 허난성 정저우(鄭州) 훙좐(紅專)로의 지하도로인 중저우 (中州)대로를 건설할 때 맞춤 제작된 실드 머신은 너비 10.12미터, 높이 7.27미터로 당시 세계에서 가장 큰 대형 실드 머신으로 기록되었다.

2015년 12월, 중국철로장비그룹은 톈진 지하철 11호선의 시공에서 너비 10.42미터, 높이 7.55미터의 장방형 실드 머신인 '카이퉈(開拓)호'를 맞춤 제작하여 또 한 차례 세계기록을 세웠다.

2015년 11월 14일에는 완전한 지재권을 보유한 국산 철로형 대직경 실드 머신이 창사(長沙)에서 완성되었다. 이 실드 머신은 직경 8.8미터, 총 길이 100미터로 대당 가격이 수입산에 비해 2,000만 위안이나 저렴했다.

2016년 7월 17일에는 세계 최초 대단면 말발굽형 실드 머신인 '멍화(蒙華)호'가 중국철로장비유한공사에서 완성되었다. '멍화호'는 길이 110미터, 중량 1,300톤, 외곽 높이 10.95미터, 너비 11.9미터로 폭이 높이보다 큰 형태이다. 원형의 터널을 채굴하는 것에 비해 말발굽형 터널을 채굴하는 것이 10~15% 정도의 채굴면적을 줄일 수 있어서 시공원가와 시공기간을 대대적으로 축소하였다. '멍화호'는 2017년 3월 네이멍구(內蒙古)에서 화중(華中)지역을 직접 연결하는 멍화(蒙華)철로 시공 중 매달 308.8미터를 착굴하는 기록을 세웠다.

2017년 10월 26일에는 중국철로장비그룹에서 자체 설계하고 제작한 직경 15.03미터의 초대직경 미장식 평형 실드 머신 '중톄(中鐵)306호'를 완성하였다.

2017년 11월 13일, 광둥 주하이(珠海) 헝친(橫琴)신구 제3통로 해저

터널이 뚫렸다. 이 쾌거를 완성한 장본인은 바로 대직경 실드 머신인 '런샹(任翔)호'이다. '런샹호'의 직경은 14.93미터로 대략 5층 건물 높이이고 총길이 125미터, 총중량 3,200여톤, 추진력은 20만 3천 톤이나 된다. '런샹호'는 사이즈도 크고 구조도 복잡해서 시공현장에서 조립하고 성능 테스트를 하는 데만 4개월이 소비되었다.

"춘펑호" 쉴드 굴진기(뚠꺼우지). (비전 차이나)

2018년 9월, 중톄장비그룹과 중톄터널국이 연합해 제작한 '춘펑(春風)호'가 정저우(鄭州)에서 완공되었다. '춘펑호'는 길이 160미터, 직경

15.80미터, 중량 4,800톤이고 추진력은 2만 4,600톤이나 된다. '춘평호'를 웨강아오다완(粵港澳大灣)구 중점공정 춘펑터널 시공현장에 보낼 때 이를 분리해서 운송했는데 이때 사용된 대형 트레일러만 거의 100대였다고 한다.

2019년 6월, 상압 헤드커터 교환 장치(常壓換刀裝置)와 디스크 커터 신축 진동 장치(刀盤伸縮擺動裝置) 등 국내 핵심부품을 설치한 초대직경 실드 머신인 '전싱(振興)호'가 쟝쑤 창수(常熟)에서 완공되었다. '전싱호'의 커터헤드 직경은 15.03미터, 총길이 135미터, 중량은 4,000톤이다. 이 실드 머신은 규모만 큰 것이 아니라 터널 내에서 실드 세그먼트(管片, shield segment)를 자동으로 운송하고 조립하는 기능, 원거리 안전감독관리, 고장진단 및 원거리 리모트 컨트롤 등 분야에서 스마트화를 실현했다.

몇십 년 전만 해도 중국의 실드 머신 시장은 거의 외국 브랜드가 지배하고 있었다. 2010년 중국의 실드 머신 보유량은 겨우 300대였는데 그나마도 독일과 일본 제품이 약 80%를 차지했다. 2019년 중국의 실드 머신 보유량은 3,000대를 넘어섰고 그 중 국산품이 90% 이상을 차지하게 되었다. 세계에서 직경 14미터 이상 되는 실드 머신이 42대 정도인데 반수가 중국에 있다. 실드 머신의 중국 내 보급으로 그 가격이 대폭 하락하게 되었다. 일반적인 실드 머신 한 대의 가격이 2,500

만 위안 이하로 떨어졌고, 복잡한 기능을 가진 실드 머신도 5,000만 위안을 넘지 않게 된 것이다.

중국의 실드 머신은 우수한 품질, 세심한 서비스, 저렴한 가격으로 국내 시장은 물론이고 세계시장까지 진출하게 되었다. 중국에서 제조된 실드 머신이 차츰 해외 바이어들의 관심을 끌게 된 것이다. 2013년 1월, 말레이시아의 주문으로 제작된 '중톄(中鐵)50호'가 완성되어 쿠알라룸푸 지하철 시공현장에 투입되었다. 2015년에는 이스라엘이 11킬로미터짜리 터널 공사에 사용하기 위해 중국철로장비그룹에서 직경 7.54미터 실드 머신 6대를 구매하기도 했다. 2016년에는 철도 공사용으로 싱가폴이 중국철로장비그룹으로부터 10여 대의 실드 머신을 구매했다. 2018년 6월부터 시작된 모스크바 지하철 건설에서는 5대의 중국 실드 머신이 동시에 사용되었다. 2018년 3월 13일, 중쟈오 톈허 기계설비 제조유한공사는 방글라데시 카르나푸리강 하저 터널 공사를 위해 직경 12.12미터, 전장 94미터, 중량 2,200톤짜리 실드 머신을 제작하기도 한다. 이렇게 중국의 실드 머신은 레바논, 아랍 에미리트 연합, 이탈리아, 카타르 등 20여 개국에 수출되었다. 동시에 일본 바이어까지 중국제품을 눈여겨보기 시작하면서 2019년 2월 23일, 중국철로장비그룹은 싱가폴에서 지하철공사를 시행하는 일본의 니시마쓰(西松)건설에게 2대의 실드 머신을 납품한다. 얼마 전만

광저우 난사(南沙) 심도 50미터 원형 갱도의 저층부에서 직경 8.6미터의 '웨하이(粤海)36호' 실드 머신이 가동을 준비하고 있다. (인민포토)

해도 중국 실드 머신 시장은 수입에만 의존했지만 10여 년이 지난 지금 세계시장의 2/3를 중국제품이 점유하고 있다. 고품질, 낮은 가격, 훌륭한 서비스를 갖춘 중국 실드 머신이 세계 주류 상품이 된 것이다. "하늘에는 선저우(神舟), 땅에는 가오톄(高鐵), 바다에는 쟈오룽(蛟龍), 땅속에는 둔거우(盾构)가 있다"라는 말에서 알 수 있듯이 중국 둔거우 즉 실드 머신은 선저우 같은 우주비행선, 허셰(和諧)호나 푸싱(復興)호 같은 고속철도, 쟈오룽 같은 심해잠수정과 함께 명실상부한 국가의 간판이 되었다.

심해 수중드론

　중국의 긴 해안선과 넓은 해상은 모두 경제권에 속하는 곳으로 이 지역에는 대량의 석유와 가스 등의 자원과 희귀광물이 매장되어 있다. 따라서 이것을 확보할 수 있다면 경제적으로 엄청난 이득을 취할 수 있게 된다. 그 외에도 중국 주변의 해저지형도를 확보하는 일은 국가 보안상에도 상당히 중요한 의미가 있다. 이러한 임무를 실현하기 위해서 심해 수중드론은 가장 중요한 장비 중 하나가 된다.

　일찍이 70년대부터 중국에서는 공업용 자동화 기계에 대한 연구가 거론된다. 1983년 해양용 스마트 로봇이 중커위안(中科院)의 중점 항목으로 정식 분류되었다. 이후 2년간의 고된 연구 개발 과정을 거쳐 중국 최초 수중드론 잠수시험이 성공했다. 199미터에 달하는 잠수 깊이는 중국의 수중드론 기술이 시작하자마자 선진 기술의 대열에 들어섰음을 의미하는 것이다.

　1990년대 초, 한층 더 선진적인 자동수중드론 연구항목이 정식으로 입안되었다. 1994년, 중커위안은 심도 1,000미터까지 입수할 수 있는 '탄쉬저(探索者)호'를 성공적으로 개발하였다. '탄쉬저호'는 드론 본체의 각 지표는 물론이고 탑재된 설비, 즉 수중음파나 관측장비 등도 균일하게 국제 선진수준에 도달하였다. 같은 해 10월 수중드론은 난하이(南海) 해역에서 1,000미터의 시험 목표 도달에 성공함으로써 심해 탐사의 선구자가 되었다.

국가가 해양권익을 중시하고 또 세계 과학기술 대국간 해양영역에 대한 경쟁이 나날이 치열해짐에 따라 자동수중드론 역시 크게 발전하였다. 원양개발에 대한 이용도를 높이기 위해 중국은 '싼롱(三龍)' 시리즈 심해 자동수중드론을 개발하였다. 이 수중드론들은 무선 리모트 시스템인 '첸롱(潛龍)시리즈'와 유선 리모트 시스템인 '하이롱(海龍)시리즈', 그리고 유인잠수 시스템인 '쟈오롱(蛟龍)호'로 나뉜다.

2013년, 중국 최초 자체 지적재산권을 보유한 심해드론 '첸롱1호'가 잠수시험을 성공적으로 마쳤다. '첸롱1호'의 연구목표는 심해 망간단괴 매장 탐측, 메탄 하이드레이트 자원 발굴, 해저지형 제작, 해저지질구조 탐사 등이며 가장 큰 임무는 심도 6,000미터에 도달하는 것이었다.

'쟈오롱호'가 제5차 잠수에서 7062.68미터를
내려가 '중국 심도 기록'을 쇄신했다.

2017년, '첸롱1호'는 서태평양 공해상에서 6차례의 잠수 임무를 순조롭게 수행했는데 심도 5,000미터 이상을 초과하면서 다량의 중요한 탐측 데이터를 획득했다. '첸롱1호'의 성공적인 개발은 중국의 심해개발에 있어 중요한 역할을 하게 되었다.

2016년, 더욱 업그레이드된 수중음파와 광학촬영 설비가 장착된 '첸롱2호'가 성공적으로 개발되어 현장에 투입되었다. '첸롱2호'는 해저 카메라와 마이크로 지형관측 장비 등을 이용해 주로 다금속 황화물 등의 해저 광물자원 개발에 사용되었다. 2016년에서 2018년까지 '첸롱2호'는 인도양 해역에서 작업하며 대량의 해저 3D 정밀모형을 제작하였다.

2018년, 더욱 정밀한 센서 및 고화질 카메라를 구비한 '첸롱3호'가 제작되어 테스트를 통과했다. 이 테스트에서 '첸롱3호'는 해저에서 연속 46시간 동안 작업을 하였고 동시에 연속 운행 15만 7천 미터라는 신기록을 세웠다.

유선 무인형 수중드론으로는 '하이롱'시리즈가 있다. 그중 가장 뛰어난 것은 '하이롱2호'인데 중국 자체 연구 개발한 유선 리모트 컨트롤 수중드론이다. '하이롱2호'는 3,500미터 깊이의 고온의 복잡한 지형에서도 조사 작업이 가능하다. '하이롱2호'가 수중에서 매우 민첩한 이유는 각기 다른 방향에 7개의 추진기가 설치되어 있기 때문인데 전

후 상하 좌우 자유자재로 움직일 수 있어 자유로운 탐측이 가능하다. '하이롱3호' 역시 '하이롱'시리즈 중 가장 활약이 뛰어난 제품 중 하나로 그 작업 심도는 무려 6,000미터에 달한다.

무선 무인형 수중드론으로는 '첸롱'시리즈가 있다. 2012년 12월 중국에서 첫 번째로 자체 연구 개발한 무선 리모트 컨트롤 수중드론인 '첸롱1호'가 탄생했다. 그 최대 작업 심도는 6,000미터에 달하고 수중에서 24시간 동안 잠항할 수 있다. 2013년 10월 6일에는 '첸롱1호'가 처음으로 임무에 투입되었는데 5,080미터의 수중에서 8시간 5분 동안의 작업을 진행해 중국 심해 무인 무선 수중드론 작업의 신기록을 세웠다. 동시에 해저 지형 탐측, 지질탐사, 망간단괴 존재량 측정 등의 대량의 가치 있는 데이터를 확보하였다.

'첸롱1호'를 기초로 하여 중국에서는 '첸롱2호'를 개발하였고 그 주된 용도는 다금속 황화물 광구에 대한 탐사였다. 2016년 1월 12일, '첸롱2호'가 순조롭게 가동하여 연속 9시간 동안의 탐사 임무를 성공적으로 완수했다.

심해 유인 잠수기로는 '쟈오룽호'가 있다. 한 국가의 진정한 심해개발능력을 대표하는 것은 유인 잠수기라고 말할 수 있다. '쟈오룽호'의 연구 개발은 2002년부터 시작하여 장장 10년 동안의 설계와 제조 그리고 반복된 시험을 거치고 1,000미터, 3,000미터, 5,000미터의 수

중 테스트를 차례로 통과하였다. 드디어 2012년 6월 태평양 마리아나해구에서 탐사를 진행하여 일본 잠수정 '신카이(深海)호'가 23년간 보유한 6,527미터의 잠수기록을 깨고 7,062미터라는 놀라운 세계 신기록을 세웠다.

2020년 11월 10일 오전 8시 12분, 중국이 제조한 유인 잠수정인 '펀터우저(奮鬪者)호'가 마리아나해구에서 10,909미터를 잠수해 바닥에 안착하면서 또 한 번 잠수기록을 경신했다.

잠수 심도의 독보적인 기록 이외에도 '쟈오롱호'는 자동운항과 호버링, 수중의 오디오 비디오 문자정보 등이 모선에 고속으로 전달되는 기능, 배터리 용량의 3가지 분야에 있어서 뛰어남을 보여준다. 현재까지 세계 해양의 99.8%를 돌아다닐 수 있었던 '쟈오롱호'는 7대양 곳곳에 자신의 족적을 남겼다. '쟈오롱호'는 해저에서의 유인과학연구와 자원탐사 분야에서 세계를 선도하는 하나의 이정표를 세웠다.

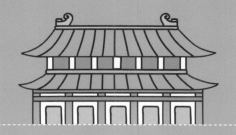

제4장

에너지와 수리시설 보고 신편

중국을 알면 세계가 보인다

과학기술

중국 원자력발전

　1951년, 미국의 한 과학자는 처음으로 원자로를 가동시켜 핵이 전쟁과 살육에 사용 가능할 뿐만 아니라 인류에게 축복을 가져올 수 있음을 세계에 증명하였다. 이로써 인류의 평화적인 핵에너지 이용의 서막이 열리게 되었다. 1954년, 소련은 첫 번째 유의미한 원자력발전소를 건설하여 6,000여 호의 민간가정에 성공적으로 전기를 공급하였다. 이는 인류의 에너지이용에서 '핵시대'로의 정식 진입을 상징하는 사건이다. 이후 전 세계 선진국들이 대량의 원자력발전소를 건조하였고 발전량이 갈수록 커졌다. 가령 프랑스의 경우 원자력발전소의 발전량이 전국 총발전량의 70%를 차지하고 있다. 점점 지구의 화석연료가 고갈되는 상황에서 핵발전은 대체 불가능한 방식이 되었다. 원자력발전을 크게 발전시키는 것이 국가의 에너지를 지킨다는 전략적인 의미가 되었다.

　인구 대국인 중국은 개혁개방 이후 공업 대국을 향해 신속히 달려가고 있다. 공업시설의 발전과 생활수준의 향상은 전력의 소모를 급속하게 증가시켰다. 중국의 에너지는 오랜 기간 화력발전이 주력이었다. 화력발전의 발전 총량 점유율이 오랫동안 80%를 초과해왔다. 2017년 말에 이를 때까지도 여전히 70%의 전력이 화력발전으로 제공되었다. 에너지 공급의 화력에 대한 지나친 의존도는 환경오염이라는 문제를 가져왔다. 또한 화석연료는 재생산이 불가능한 자원으로 그 지속성 역시 심각한 문제가 되었다.

에너지 안전문제를 해결하기 위해 중국은 1970년대부터 원자력발전의 가능성을 연구하였다. 길고 긴 검증의 과정을 거쳐 정부는 1980년대 원자력발전을 정식으로 추진하기 시작했다. 1985년, 중국의 제1기 원자력발전소인 저장성 쟈싱 하이옌(海鹽)현의 타이산(泰山)원자력발전소의 공사가 첫 삽을 떴다. 이후 1991년에 완공되어 시범운행에 들어갔고, 2년간의 안전운행을 거쳐 1994년 정식으로 전기공급망의 대열에 합류, 상업용 발전을 시작했다. 타이산 원자력발전소는 중국이 최초로 직접 설계하고 건설 및 운행한 곳이다. 제1기 공정의 저장기 용량이 30만 킬로와트에 달하며 국제적으로 공인된 가압수형 원자로 기술을 채택했다. 2014년, 타이산 원자력발전소는 대규모 확장을 진행하여 9기까지 늘었고 저장기 총용량은 654.6만 킬로와트에 달하게 된다. 타이산 원자력발전소의 건설과 운영을 통해 중국은 다량의 연구 및 관리인력을 확보하였고 이는 후속 작업에 탄탄한 기초가 된다.

이후 중국은 다야완(大亞灣) 원자력발전소, 싼먼(三門) 원자력발전소, 홍옌허(紅沿河) 원자력발전소 등 후속 발전소를 계속해서 건조하여 운행 중인 원자력발전소가 모두 16기, 그리고 건조 중인 원자력발전소가 16기에 달하게 된다. 2019년 한 해 동안 대륙 전체에서 운행되는 원자력발전소의 누계발전량은 3,481억 3,100만 킬로와트이며 이는 표준 석탄소모율 1억 687만 6,200톤을 감소시키는 것과 동일하다. 이렇게 원자력발전소는 중국에 점점 더 많은 청정에너지를 공급하고 있다.

오늘날 중국의 원자력발전소는 그 수량이 대폭 증가되었을 뿐만 아니라 원자로의 기술 함량 역시 대폭 향상되었다. 세계를 쫓아가던 위치에서 세계를 이끄는 위치로 바뀌게 된 것이다. 2018년 1월 28일 푸칭(福淸) 원자력발전소의 시공현장에서는 세계에서 가장 뛰어난 기술인 제3세대 원자로 '화룽(華龍)1호'를 원자로용기 안에 성공적으로 안치하였다. '화룽1호'는 중국에서 최초로 완전한 자국 지적재산권으로 만든 제3세대 원자로이며, 그 너비는 1.8미터의 내외부로 이루어진 압력용기이다. 이는 전부 중국에서 개발하여 생산한 특수강철이다. '화룽1호'는 진도9의 지진에도 견딜 수 있게 설계되었으며, 대형 항공

기의 충돌에도 균열이 가지 않을 정도로 견고하다. 그래서 제3세대 원자로는 "문제가 전혀 발생하지 않는 원자로"라고 불린다. 2020년 11월 27일 '화룽1호'를 이용한 세계 최초로 중허(中核)그룹 푸칭 원자력발전소 5호기가 가동 성공되었다. 이는 중국의 원자력발전기술이 세계 일류의 대열에 들어섰음을 의미하는 것이다.

장쑤 롄윈(連雲)항의 톈완(田灣) 원자력발전소. (비주얼 차이나)

싼샤 수리 중추시설 공사

창장은 중국에서 가장 큰 강이지만 세계에서는 그 길이가 세 번째에 불과하다. 하지만 세계의 지붕인 티베트고원에서 발원하여 윈구이(雲貴) 고원을 경유하는 3단계로 낙하하는 지형에 있기 때문에 세계에서 가장 큰 수력 자원을 지닌 강에 해당한다. 오랫동안 쉼 없이 흐르는 창장은 중국인들에게 풍부한 양식을 제공했지만 동시에 수많은 대홍수는 심각한 재난을 가져오기도 했다. 창장의 수해를 줄이면서 창장의 수리를 제대로 이용하는 일, 특히나 그 수력 에너지를 활용하는 것은 중국인들의 오랜 염원이었다.

일찍이 1919년부터, 쑨원(孫文)은 창장의 싼샤(三峽)에 댐을 건설하겠다는 의견을 제시한 바 있다. 이후로 국민당 정부는 댐 건설의 가능성에 대해 궁리해왔고 여러 차례 조사팀을 파견해 구체적인 조사를 진행했다. 1932년, 국민당 정부의 고위급 지질 탐사측량팀은 장시간에 걸쳐 상세한 조사를 진행한 후 창장을 가로막아 댐을 건설할 가장 적합한 위치로 거저우(葛洲)와 황링먀오(黃陵廟) 두 곳을 선정했다. 이는 창장 댐건설 프로젝트에 대한 중국 역사상 최초의 조사연구이다. 1946년, 국민당 정부와 미국 측은 협의를 체결했고 미국의 협조하에 댐의 설계와 위치선정 작업이 진행되었다. 그러나 이후 국민당의 퇴각으로 댐 건설 계획은 자연스럽게 중지되었다.

중화인민공화국 성립 이후 중국 정부는 창장 수리 프로젝트의 중요성을 인지하였고, 마오쩌둥 주석과 저우언라이 총리는 여러 차례의 조사 연구와 회의를 통해 싼샤댐에 관한 생각을 재고하였다. 1953년, 마오 주석은 창장수리위원회의 계획보고를 청취한 후 싼샤에 댐을 신속하게 건설할 것을 지령했다. 1955년, 저우언라이 총리는 베이징에서 열린 고위급 전문가 회의에서 중국와 소련의 전문가 의견을 청취한 후 싼샤댐 공사를 국가사업에 정식으로 편입했다.

1960년, 상세한 탐사를 거쳐 싼샤프로젝트의 최종 댐 위치가 선정되었다. 1970년, 화둥(華東)지역의 절박한 전기수요를 해결하기 위해 싼샤프로젝트의 하류에 위치한 '거저우댐' 수리 중추시설을 우선적으로 건설하기 시작했다. 이후 1981년에 첫 번째 발전유닛을 성공적으로 가동하였고, 1988년 12월에는 거저우댐 수리 중추시설을 완공했다. 거저우댐 수리 중추시설은 창장 역사상 제일가는 대형 수리설비이다. 화둥지역에 전력을 공급하고 물길의 흐름을 개선했으며, 홍수

쌴샤댐의 야간 방수 장면. (인민의 시각)

재해를 방지하는 중요한 기능을 갖고 있다. 이러한 거저우댐 수리 중
추시설의 시공과 운영을 통해 중국은 세계 일류의 공정기술역량을 구
비하게 되었다.

1994년 12월 14일, 쌴샤 수리 중추시설을 착공했고, 장장 9년이라
는 기간을 거쳐 2002년 10월 26일 마침내 해발 185미터의 설계 고도
를 지닌 쌴샤댐이 완공되었다. 이는 쌴샤댐이 완전하게 차수 능력을
구비했음을 의미한다.

싼샤댐의 원경. (비주얼 차이나)

싼샤 수리 중추시설은 세계적에서 가장 큰 규모의 수리프로젝트이다. 댐유형은 콘크리트 중력댐으로 전장 2,335미터, 높이 185미터, 정상 저수 수위는 175미터이다. 댐 전체의 콘크리트 주입량은 2,800만 세제곱미터로 댐의 총저수량이 393억 세제곱미터라는 놀라운 수치를 보여주는데 이것은 만년에 한 번 발생할 초대형 홍수도 막을 수 있다고 한다.

싼샤 수리 중추시설은 준공된 후 전력생산, 홍수예방, 선박운행이라는 세 가지 측면에서 놀라운 역할을 하였다. 싼샤댐은 전 세계에서 가장 큰 용량을 지닌 수력발전으로 2,250만 킬로와트에 달한다. 이는 세계 2위인 브라질의 이타이푸 수력발전의 1,400만 킬로와트보다 850만 킬로와트가 많은 수치이다. 2003년부터 시작해 발전유닛은 계속해서 전력을 생산하고 있다. 2014년부터 싼샤댐의 발전유닛이 풀가동으로 운행한 이후로 매년 발전량은 1,000억 킬로와트 정도를 유지하여 세계에서 연 발전량이 가장 높은 수력발전소가 되었다.

싼샤댐의 건설은 창장 중하류의 인구가 집중되고 경제가 발전된 지역에 홍수방지라는 방패를 제공하여 주민들의 생명과 재산에 대한 안전을 보장해주었다.

싼샤댐이 건설되기 이전에는 창장 하류에서 상류로 운송할 때 깊은 수심과 넓은 강폭으로 인해 많은 제약을 받았다. 가령 상류지역의 대표 도시인 충칭(重慶)의 경우 만 톤급 이하의 선박만 통행할 수 있었다. 싼샤댐을 건설하면서 세계최대 규모의 수문을 만들기도 했다. 그래서 싼샤댐이 완공되자 창장 상류로의 선박 운행이 크게 개선되어 만 톤급의 선박이 상류지역 도시까지 운항할 수 있게 되었고 이로써 운송원가를 크게 절감하게 되었다.

　싼샤 수리 중추시설 공사는 2,200년 전에 만들어진 도강언(都江堰) 수리시설을 계승함과 동시에 중국과 세계의 수리공사 역사에 또 하나의 이정표를 세웠다.

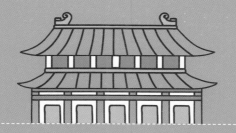

제5장

바다 위 거인을 보라

중국을 알면 세계가 보인다

과학기술

수퍼유조선

　제2차 세계대전이 종결된 후 세계 각국의 급속한 공업발전으로 인해 석유는 인류의 가장 중요한 에너지원이 되었다. 따라서 세계의 석유 수요 역시 급속도로 증가하였고 이는 유조선 운항의 발전을 촉발하였다. 1960년대 이전에는 대부분 유조선의 배수량은 2만 톤 정도에 그쳤다. 당시 세계에서 적재량이 가장 큰 유조선도 5만 톤을 초과하지 못했고, 풍랑에 견디는 능력이 부족해 원양으로 운송임무를 수행할 수 없었다. 1960년대 이후 중공업에서 석유에 대한 수요가 많아지자 대형적재 원양유조선의 건조 기술이 빠르게 발전했다. 1966년, 배수량이 20만 톤에 이르는 일본의 '이데미츠마루(出光丸)'호가 진수하며 대형 원양 유조선의 시대가 도래했다.

　개혁개방 이후 중국은 점차 '세계의 공장'이 되어갔다. 이와 동시에 매년 석유 소비량 역시 신속하게 상승했고 최근 몇 년간은 매년 6억 5천 만 톤의 소비량을 보여 세계 1위의 자리를 점하였다. 중국의 석유는 대외의존도가 이미 50%를 초과했고 이에 따라 초대형 석유 운송선을 건조하는 일이 급선무가 되었다.

중국의 대형 적재 화물선을 건조한 역사는 1918년의 옛 베이양(北洋)군벌 시대까지 거슬러 올라간다. 당시 베이양정부는 미국이 건조하는 4척의 원양운송화물선을 도입하기로 계약했고 강남(江南)조선소에서 건조 책임을 지도록 지정했다. 강남조선소는 1918년부터 1922년까지 4년에 걸쳐 계약내용을 완성했고 미국 측의 검수를 통과했다. 이 화물선은 배수량이 최대 14,700톤인 증기동력선으로 당시 전 아시아태평양지역에서 건조할 수 있는 적재량이 가장 큰 선박이었다. 당시 일본에서 건조할 수 있는 최대 적재 선박도 겨우 1천 여 톤에 불과했다. 이는 훗날 일본군이 침략전쟁을 일으키면서 강남조선소를 점령하는 계기가 되어 중국 조선업 발전에 큰 타격을 주었다.

1960년 4월 15일, 중국에서 첫 번째 자체 설계한 만 톤급 원양화물선인 '둥펑(東風)'호의 선체가 진수되었다. 다시 5년 동안의 내장공사를 거쳐 1965년 10월 시험 운항이 시작되었고, 12월 31일에 정식으로 완공되어 인도되었다. 총 길이 161.4미터, 너비 20.2미터, 배수량 17,182톤, 적재량 10,000톤, 17.3노트의 재원을 지닌 '둥펑'호는 40일 주야로 연속 운행이 가능하다. '둥펑'호 건조는 300여 개 항목의 혁신기술을 실현시켰을 뿐만 아니라 중국이 자체 설계한 만 톤급 선박

30만 톤급 초대형 유조선(VLCC) 1척이 쟝쑤 치둥(啓東) 창장 하구의 베이쯔(北支) 항로상에 정박하고 있다. (인민의 시각)

의 효시를 이루면서 중국 대형선박 공업의 기초를 만들었다.

　중국 조선업이 본격적으로 폭발적인 발전을 이룬 것은 바로 개혁개방 이후이다. 오랜 기간의 기술적 연구 끝에 2004년 12월 20일, 다롄(大連)선박중공업의 수퍼급 도크(dock)에서 최초로 중국 자체 건조된 30만 톤급 유조선인 '신진양(新金洋)'호가 진수했다. '신진양'호는 길이가 330미터, 너비 60미터, 높이 52미터, 배수량 30만 톤으로 한 번에 수백만 배럴의 석유를 운송할 수 있다. '신진양'호의 선체는 고난도의 이중설계를 채택한 것으로 내층 선체와 외층 선체 사이는 이격된 공간으로 되어있다. 운항 시 그곳에 해수가 채워져 암초에 충돌하거나 의외의 충격을 받을 때 완충작용을 하여 선박의 침몰 가능성을 크게 낮춰준다.

'신진양'호는 그저 덩치만 커다란 것이 아니고 '영리함'을 지닌 선박이다. '신진양'호는 국제 선진수준의 스마트 유조선으로 조종, 항법, 전기, 유액전감기 등 핵심 부분이 모두 스마트 시스템화 관리를 실현했다. 컨트롤시스템은 선체 자체의 상태와 주변 해상환경에 따라서 스스로 적합한 항속과 노선을 선택할 수 있다. 그래서 이 30만 톤이나 되는 거대한 선박을 겨우 십여 명의 인원이 조종할 수 있었다. '신진양'호의 탄생은 바로 중국 원양 수퍼급 유조선이 세계 일류 수준에 올랐음을 방증하는 일이다.

현재 전 세계 수퍼급 유조선의 총수량은 400여 척 정도인데 그 중 중국의 것이 100척이나 된다. 앞으로도 점점 더 많은 자체 건조 수퍼급 유조선이 확충되어 중국은 스스로 '바다 위 생명줄'을 장악하게 될 것이다.

대형 액화천연가스선

대형 LNG선은 액화천연가스를 전문적으로 저장, 운송, 하역하는 전용선이다. 선박공정 영역 가운데 그 난이도가 '피라미드 위의 왕관'이라 불릴 정도로 어려워서 세계적으로도 이 선박을 건조할 수 있는 조선소는 13곳에 불과하다.

천연가스는 액체상태에서 에너지 밀도가 가장 높고 극도로 쉽게 타며 쉽게 폭발하는 물질로 변한다. 따라서 액화천연가스는 운송 중 완벽하게 밀봉되어야 하고 전하(電荷)와도 철저히 떨어져 있어야 한다. 이 때문에 액체저장탱크는 LNG선의 핵심 부분이라 말할 수 있다. 충분한 운송량을 확보해야만 경제성을 보장받을 수 있기에 LNG선의 배수량은 거의 10만 톤에 가깝다. 하지만 이렇게 거대한 액체저장탱크는 탱크 바닥과 4면의 벽이 반드시 수평을 이루어야 하는데 최대 기복이 0.1밀리미터를 초과해서는 안된다. 그렇지 않으면 해상 운송 중 액화천연가스가 기복의 영향을 받아 쉽게 와류현상을 일으키고 안정성에 영향을 끼치게 된다. 이러한 점은 탱크 벽면에 사용하는 특수강 제작에 고도의 기술을 요한다.

　중국의 조선기술은 개혁개방 이후 신속하게 발전하여 설계, 시공, 신재료 등의 영역에서 끊임없는 성과를 이루었다. 중국의 LNG선 역시 대량 건조 단계로 들어서 2004년부터 2018년까지 대략 수십 척의 LNG선을 제작했다. 이 중 '판페이(泛非)'호가 가장 대표적인 선박이다. 2019년 1월 8일, 중국이 자체 설계하고 건조한 최대, 최신식의 LNG선 '판페이'호가 후둥(滬東)중화조선그룹에서 정식 인도되었다. '판페이'호의 총길이는 290미터, 선폭 46.95미터, 선박 깊이 26.25미터, 적재량 82,500톤, 농구장 32개에 해당하는 갑판 면적을 재원으로 하는데, 1억 4백 만 세제곱미터의 액화석유와 천연가스를 한 번에 실을 수 있다. 이전에 인도된 '판야(泛亞)', '판메이(泛美)', '판어우(泛歐)' 3척의 자매 선박과 함께 이 '판(泛)'시리즈 석유천연가스 운반선이 지속적으로 투입되면서 중국의 국가 에너지는 안전한 운송을 보장받게 되었다.

2019년 11월 14일, '중녕푸스(中能福石)'호가 7만 톤의 액화천연가스를 싣고 중궈스화(中國石化) 천연가스공사 칭다오(靑島)에 위치한 접안 부두에 정박해 있다. (비주얼 차이나)

아시아 최대의 반잠수식 선박 '신광화'호

　반잠수식 선박은 매우 독특한 해양운수선이다. 그 특징은 첫째, 일단 보기에 해상에 떠 있는 거대한 픽업트럭같이 생겼다. 둘째, 일반적인 배처럼 승객이나 화물을 싣는 것이 아니라 다른 배를 싣는다.

　상업적 영역이든 군사적 영역이든 간에 반잠수식 선박은 매우 중요한 지위를 차지한다. 상업적 영역에서 가령 엄청난 무게를 가진 해상 석유 시추 보링용 플랫폼을 지정된 해역으로 운반해야 한다면 이때 반잠수식 선박이 바로 그 역할을 하게 될 것이다. 군사영역에서의 예도 들어보자. 2000년, 미국 제5함대의 '콜'호 미사일구축함이 예멘 아덴만에서 테러리스트의 습격을 받았다. 측면에 폭발로 인한 구멍이 생겨 선체가 기울어 동력을 잃게 되었다. 이때 미국에는 적합한 반잠수식 선박이 없었기 때문에 1억 달러가 넘는 돈을 들여 반잠수식 선박을 대여해 구축함을 수리창으로 운반했다. 전시에 전함이 비록 기동력은 상실했지만 기타 시스템이 유효할 때 신속하게 선박수리창으로 운반할 수 있다면 재빨리 전투력을 회복할 수 있다.

반잠수식 선박은 이처럼 민간과 군사 영역 모두에서 중요한 역할을 하기 때문에 조선 분야 선도국인 중국에서 지속적으로 연구 개발하는 것은 당연하다. 2016년 12월 8일, 중국 최대이자 동시에 아시아 최대 반잠수식 선박인 '신광화(新光華)'호가 광저우(廣州)조선소에서 순조롭게 인도되어 현장에 투입되었다.

'신광화'호는 중국에서 건조한 최대의 반잠수식 선박으로 선체 길이가 255미터, 너비가 68미터, 배수량이 10만 톤을 넘는다. 또 잠수부분의 흘수 깊이가 30미터를 초과하고 거대한 피기 백 갑판의 면적은 족히 표준 축구장 2개의 넓이가 되며 적재량은 98,000톤이나 된다. 이는 '신광화'호가 세상의 어떤 시추 보링용 플랫폼이든 심지어 중형 항공모함이라 할 지라도 모두 운반이 가능함을 의미한다. '신광화'호의 운용으로 중국의 해양 특수장비 운송 영역의 능력이 한껏 제고되었다.

'란징1호' 초대형 해상시추 보링용 플랫폼

　거대한 바닷속에는 대량의 석유와 가스 자원뿐만 아니라 고밀도의 깨끗한 에너지인 불타는 얼음 메탄 하이드레이트가 있다. 21세기 해양의 시대는 해양자원을 제대로 개발하는 국가가 경쟁에서 훨씬 앞서 갈 수 있다. 이것을 실현하기 위해 갖춰야 하는 것이 바로 첨단의 시추 설비이다.

　심해자원의 개발 영역은 줄곧 세계 각국의 격렬한 각축장이 되어왔다. 지난 세대 해저탐사의 거물인 '해양석유981'은 2012년 정식으로 임무를 개시했다. 이는 중국이 시추 심도 1만 미터에 이르는 심해탐사채취 능력을 구비했고 동시에 세계 일류의 수준에 도달했음을 의미하는 것이다. 현재 2017년에 투입된 차세대 '란징1호'는 중국의 심해 탐사개발 수준이 전 세계 최고의 위치에 있음을 나타낸다.

　'란징1호'의 무게는 43,725톤으로 '해양석유981'에 비해 1만 3천 톤이나 늘어 지구촌에서 가장 큰 해상 시추 보링용 플랫폼이 되었다. '해양석유981'의 시추 심도가 1만 미터인 것에 비해 '란징(藍鯨)1호'는 1만 5천 미터나 달해 역시 지구촌에서 가장 깊은 시추 심도를 가진다. 또한 '란징1호'는 12급 허리케인에도 안정되게 시추작업을 할 수 있는 전 세계 유일한 보링용 플랫폼이다. 이러한 점들이 바로 '란징1호'가 심해탐사영역의 왕좌에 오르게 된 주된 요인이다.

'란징1호'는 가동되자마자 현장에 투입되는데 2018년 중국 남해 모 해역에서 최초의 대규모 심해 메탄 하이드레이트 시범 채취에 성공했

'란징1호' 초심수 이중드릴타워 반잠식 보링용 플랫폼이 남해 해역에서 작업 중이다. (비주얼 차이나)

다. 전 과정이 순조롭게 진행되며 '란징1호'는 안정적으로 30만 세제곱미터의 메탄 하이드레이트를 채취했다. 이는 60만 명이 거주하는 도시가 하루 동안 사용할 수 있는 분량이다. '란징1호'의 첫 번째 시범 채취에서 단일 채취 중 세계 기록을 바로 깨뜨려 버린 것이다.

전 세계에서 가장 큰 기중선 '전화30'

중국의 인프라 건설의 열기가 지속됨에 따라 세계 최장 해상대교인 '강주아오(港珠澳)대교'와 세계 최대 해상 풍력발전 등 수퍼급 공사가 연이어 국제무대에 등장하게 되었다. 이러한 해상의 기적이 이루어지기 위해서 없어서는 안되는 '건설자'가 바로 바다 위의 수퍼급 기중선이다. 2018년 5월 13일 중국 상하이 전화중공업은 완전한 독립 라이센스를 구비한 '전화(振華)30'을 정식으로 진수했다.

'전화30'의 길이는 300미터, 너비 58미터, 배수량 17만 톤이고, 뱃머리에 있는 거대한 크레인은 중량이 12,000톤으로 현재 세계에서 가장 큰 기중선이다.

중량은 거대하지만 매우 민첩해서 후미 여러 곳에 위치한 12개의 추진기가 좁은 구역에서도 복잡한 기동을 할 수 있게 해준다. 또한 스마트 정박시스템과 선체 전후좌우 여러 개의 닻을 구비하여 자동시스템을 통해 닻 내릴 위치를 선정하고 배를 안정적으로 고정하여 정밀한 기중 작업을 할 수 있게 만들어 준다. 이외에도 '전화30'은 측면에서 7,000톤에 달하는 물체를 들어 올릴 수 있는 기능이 있다. 이는 특수한 구조물이나 특수한 환경에서도 얼마든지 작업할 수 있음을 의미한다. 이러한 점들이 '전화30'의 세계적인 경쟁력을 키워준 것이다.

2017년 5월 2일, 기중선인 '전화30'이 강주아오대교 침매식터널의 최종 이음새 부분을 들고 해저로 진입하는 장면. (비주얼 차이나)

'전화30'이 가동된 후 여러 중요한 해상 기초시설 설비작업에 참여했는데 그중 가장 눈길을 끄는 것이 바로 강주아오대교 시공의 난코스인 해저터널의 콘크리트 침매관 구역 건설이었다. 전체 길이 55킬로미터에 달하는 강주아오대교는 세계에서 가장 긴 해상대교로 일부가 해저터널로 이루어져 있다. 해저터널은 거대한 콘크리트 침매관을 양쪽에서부터 시작해서 가운데로 이어가는 방식을 채택했다. 이때 전체 구간 중 마지막 중앙에 넣는 콘크리트 침매관은 그 무게가 6,000톤에 달했는데 세계에서 가장 큰 단일 콘크리트 터널 모듈이었다. 거대한 침매관을 해저에 정확하게 장착하여 해저터널 전체를 연결하는 일은 그 오차가 1.5밀리미터도 넘어서는 안되는 정밀한 작업이었다.

이러한 막중한 임무를 맡은 '전화30'은 2017년 2월 말, 강주아오대교 시공현장으로 출발했다. 3월 7일, 세계에서 가장 무거운 6,000톤급 터널침매관 장착작업이 정식으로 개시되었다. 엔지니어의 지휘 아래 '전화30'의 거대한 크레인이 강하하자 바지선 위의 인부들은 와이어를 이용해 침매관을 크레인에 고정하였다. 리프트하는 것과 동시에 '전화30'의 스마트관리시스템은 선체바닥의 배수탱크에 물을 유입하여, 침매관을 들어 올릴 때 선체에 발생하는 경사를 자동으로 컨트롤하였다. 천천히 침매관을 바다 속으로 투입하였는데 이때도 역시 스마트 밸러스트 탱크와 스마트 앵커 시스템의 도움으로 6,000톤의 침매관이 1.5밀리미터의 오차 내에 정확한 위치를 찾게 되었다. 이렇게 강주아오대교가 연결되는 핵심 공정에서 '전화30'은 완벽한 역할을 하였다.

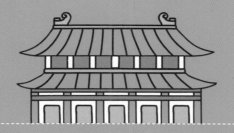

제6장

교량모음곡

중국을 알면 세계가 보인다

과학기술

오늘날 당신이 자동차를 타고 중국 여행을 한다면 대도시의 빽빽한 빌딩숲과 다양한 건물을 마주하면서 깊은 인상을 받게 될 것이다. 솔직히 말하면 이러한 빌딩과 건물은 다른 나라의 도시에도 흔히 볼 수 있는 풍경이다. 하지만 중국 각지의 교량을 보게 되면 확실히 다른 느낌을 받게 될 것이다. 높은 산 주위로 거대한 골짜기가 종횡으로 펼쳐진 서남지역, 크고 작은 하천이 밀집된 중남부지역, 도서와 항만이 즐비한 해안지역 등에서 때로는 거대하게 때로는 아름답게 지어진 교량을 보게 되면 감탄을 금치 못할 것이다.

중국인은 아마도 세계에서 가장 교량을 잘 만드는 민족 가운데 하나인 것 같다. 저명한 영국 학자 조지프 니덤(Joseph Needham)은 『중국과학기술사』에서 중국 고대 교량공사에 대해 다음과 같이 언급하였다. "중국문화의 특징은 많은 부분에 있어 합리성과 낭만성의 적절한 조합이 나타나는데 특히 건축공사 분야에 있어 더욱 두드러진다. 중국의 교량은 한 곳도 미관을 중시하지 않은 것이 없고 한 곳도 아름답지 않은 것이 없다." 니덤은 책에서 수천 년 동안 중국을 다녀간 외국 여행객들이 중국의 교량에 대해 찬미한 내용을 열거하고 있다. 그는 특히 6세기경 수(隋)나라 때 이춘(李春)이 만든 조주교(趙州橋)를 반복해서 거론한다. 1,400여 년 전에 지어진 이 오픈 스팬드 럴 방식의 아치형 돌다리의 기술에 대해 니덤은 "유럽보다 대략 7세기나 앞서고", 그

미관이나 용도는 "유럽에 비해 14세기나 앞서는 아름다운 다리"이며 "현대의 수많은 철근콘크리트 다리의 선조격"이라고 말했다. 책에서 니덤은 20세기 초에 만들어진 이탈리아의 교량 사진을 삽입해 조주교의 시초로서의 지위를 강조했다.

허베이성 스자좡(石家莊) 조주교. 조주교는 안제교(安濟橋)라고도 부르는데 수나라 대업(大業) [605~618] 연간 이춘에 의해 만들어졌다. 다리의 길이는 64.40미터, 경간은 37.02미터로 현재 세계에서 경간이 가장 크고 오래된 단공 오픈 스팬드 럴 방식 아치형 돌다리이다. (비주얼 차이나)

베이징 펑타이(豊臺)구 융딩(永定)하에 위치한 노구교(盧溝橋)는 남송 순희(淳熙) 16년(1189)에 창건되었다. 노구교는 길이 266.5미터, 너비 7.5미터로 다리의 양쪽 끝이 나팔 형태로 이루어져 있다. (비주얼 차이나)

광동 차오저우(潮州)에 있는 광제교(廣濟橋)는 집량교(集梁橋), 부교(浮橋), 공교(拱橋)가 모두 되는 일체형으로 이루어져 있다. 남송 건도(乾道) 7년 (1171)에 창건된 다리로 중국 '18척 배와 24개 교각'이라는 독특한 스타일을 갖고 있다. 허베이의 조주교, 푸젠의 낙양교(洛陽橋), 베이징의 노구교와 더불어 중국 4대 옛 교량으로 불린다. 유명한 건축가 마오이성(茅以升)은 '세계에서 가장 오래된 개폐식 교량'이라고 칭송한 바 있다. (비주얼 차이나)

푸젠 촨저우(泉州)의 낙양교는 송 경력(慶曆) 연간(1041년에서 1048년 사이)에 지어진 다리로 처음으로 '래프트 형태 기초'방식을 사용한 것으로 알려져 있다. 이는 배를 이용해 교량의 중심축에 석재를 쏟아 강바닥에 돌제방을 만든 뒤 그 위에 교각을 올리는 방법이다. 모든 교각은 긴 돌을 교차로 쌓아 올린 후 양 끝을 뾰족하게 만들어 물살을 분리해 충격을 감소시켰다. (비주얼 차이나)

근대 들어 중국은 경제기술이 낙후되어 국가가 극도로 빈한했고 정치는 부패하여 전란이 끊임없이 발발했다. 나라가 이런 지경에 이르자 한때 민족의 자랑이었던 교량들도 이러한 역사적 고통을 그저 견딜 수 밖에 없었다. 조주교를 건설했던 이춘의 후예들 역시 여러 차례 조상의 영광을 되찾고자 노력했으나 모두 물거품이 되었다.

중국 허베이성 창리(昌黎)현과 롼저우(灤州)시 두 곳의 경계를 흐르는 롼허(灤河) 위에는 오래된 철도교가 하나 있다. 이 교량은 1892년에 만들기 시작하여 1894년 4월에 개통되었다. 길이 670.56미터, 너비 6.7미터, 수면 위 높이 9.66미터인 다리는 저명한 철도 엔지니어인 쯔안톈유(詹天佑)가 설계한 것이다. 쯔안톈유에 앞서 영국, 일본, 독일 등의 엔지니어들이 건설을 맡았지만 수심이 깊고 유속이 빠르며 강바닥의 토사까지 두꺼워 모두 포기하였다. 쯔안톈유는 외국 엔지니어들의 시공과정을 종합하고 위치를 재선정하며 시공방법을 개선하여 공사 2년 8개월 만에 근대 중국이 자체 설계하고 시공한 철도교량을 탄생시켰다.

1924년과 1928년 그리고 1933년까지 이어지는 군벌들의 혼전 속에서 철도교는 손상과 보수를 거듭하였다. 1939년, 인근에 새로운 철도교를 건설하면서 원래 교량을 도로 교량으로 바꾸었다. 하지만 국공 내전 중에 국민당 군대가 인민해방군을 저지하기 위해 신교량을 완전히 파괴해 버렸고 구교량도 부분 파손되었다. 이후 구교량은 인민해방군이 보수하여 임시 철도 가교로 사용했다.

중화인민공화국이 성립된 후 1951년에 구교량은 재차 도로 교량으로 바뀌었고 새로운 도로교량이 만들어진 후 사용이 중지되었다. 1976년 탕산(唐山) 대지진이 일어나 새 도로 교량이 무너지자 구교량이 다시 사용되었다. 이후 1979년 도로 교량이 다시 준공되자 구교량은 완전히 퇴역하였고 지금은 국가문물로 보존되고 있다. 이렇게 한 세기 동안 5차례의 홍수와 수차례의 지진 그리고 무수한 전란을 겪으면서 은퇴와 복귀를 반복했던 쯔안톈유의 철도교는 그야말로 민족 불굴의 정신을 반영하는 상징물이라 말할 수 있다.

첸탕강대교

　중국 저장성 항저우(杭州)를 관통하는 첸탕강(錢塘江) 위에는 유명한 교량건축사인 마오이성이 설계하고 시공한 도로와 철도를 겸용하는 기념비적인 대교가 있다. 대교의 길이는 1,453미터로 16개의 교각이 세워져 있고 복층 구조로 상층에는 양방향 차량도로가 하층에는 단선 철로가 설치되어 있다. 이 대교는 1934년 8월 8일 착공하여 3년간의 노력을 거쳐 1937년 9월 26일에는 철로가, 같은 해 11월 17일에는 도로가 개통되었다.

　대교의 시공 기간 중인 1937년 7월 7일은 일본군이 노구교사변을 기점으로 중국 침략을 개시한 때이다. 1937년 8월 13일 일본군은 상하이까지 침공하였고, 결국 항일전쟁 기간 중 가장 치열했던 쑹후회이잔(松滬會戰) 즉 상하이 전투가 발발했다. 전선을 지원하고 전쟁자원을 수송하기 위해 마오이성 등은 적기의 공습 중에도 밤낮을 가리지 않고 대교 공사에 매진했다. 먼저 대교 하층의 철도교가 만들어지자 9

월 26일에 쑹후 전선(戰線)을 지원하기 위한 철도가 달리기 시작했다.

설계자가 시공 기간 중 자신이 만든 교량을 파괴할 수 있는 다이너 마이트 설치 자리를 미리 남겨둔 경우는 세계 어디에도 없을 것이다. 전쟁 상황이 어떻게 전개될지 예측할 수 없었기에 마오이성은 어쩔 수 없이 14번 교각에 다이너마이트를 심을 수 있는 구멍을 준비한 것이다. 격전이 펼쳐진 3개월 후 11월 12일 상하이는 결국 함락되었다.

80여 년간 자리를 지켜온 항저우 첸탕강 대교. (비주얼 차이나)

일본군의 대교 사용을 막기 위해 11월 16일 즉 대교의 상층 도로가 개통되기 하루 전날 마오이성은 정부로부터 교량을 폭파하라는 명령을 받았다. 11월 17일 도로가 개통되는 당일 10만이 넘는 난민들이 교량 위를 지나게 되었다.

대교가 건설된 당일 항일전사들을 실은 열차가 대교를 건너 쑹후 전선으로 향하고 있다.

일단 중국 군인과 민간이 남쪽으로 철수해야 했기 때문에 대교는 바로 파괴되지는 않았다. 1937년 12월 1일, 일본군이 난징(南京)을 침공하였고 12월 13일에 난징이 함락되었다. 일본군이 난징에서 대학살을 벌이자 더 이상은 미룰 수가 없게 되었다. 일본군의 남하를 막기 위해 1937년 12월 23일 마오이성은 교량 폭파를 감행하였다. 이날은 대교 하층의 철도가 개통된 지 89일째이자 상층의 도로가 부분 개통된 지 36일째 되는 날이었다. 그는 눈물을 머금고 14호 교각이 완전히

1937년 12월 23일, 일본군의 첸탕대교를 통한 남침을 저지하기 위해 마오이성은 준공 2개월 만에 교량을 폭파하였다. (중신사)

무너지는 장면을 목도하였다. 하지만 다행히도 교량이 폭파되는 전날 약 300여 대의 기차와 2,000여 대의 객차 그리고 화물차가 항저우를 비우고 남쪽으로 철수할 수 있게 되었다. 교량이 무너지는 당일 마오이성은 비통한 마음으로 밤새 잠을 이루지 못하고 "항전필승, 차교필복(抗戰必勝, 此橋必復)"이라는 여덟 글자를 일기에 남겼다.

일본군의 항저우 점령 기간 중국의 항일무장세력은 1944년 3월과 1945년 2월 두 차례 일본군이 부분적으로 보수했던 대교를 폭파시켰다. 이렇게 해서 일본군이 패전하여 물러날 때까지 대교는 여전히 완전히 수리되지 못했다.

항일전쟁이 끝난 후 마오이성이 주축이 되어 1948년 5월에 성공적으로 대교 보수를 마쳤지만 1949년 5월 3일 국공전쟁에서 패전한 국민당이 철수하던 중 철도 일부를 파손했다.

중화인민공화국 이후 1950년 4월 마오이성은 우선 첸탕강대교를 임시로 개통시켰다. 그리고 1953년 9월 대대적인 보수를 마치고, 1954년 3월부터 재사용을 시작했다. 이렇게 첸탕강대교는 파손과 보수를 거듭하는 기구한 운명을 겪다가 마침내 새롭게 태어났다. 현재 파란만장한 여정을 겪었던 첸탕강대교는 국가 중점문물로 지정되었고, '첫번째 중국 20세기 건축유산'과 '중국 공업유산 보호명단'에 선정되었다. 문물 보호를 위해 교량에 주는 하중을 경감시키고자 첸탕강대교의 철도는 운행속도 160킬로미터 이하의 도시철도로 바뀌었다.

첸탕강대교의 탄생은 중국 교량건설의 부흥이자 국가부흥의 신호탄과 마찬가지였다. 첸탕강대교의 성공적인 보수 이후 중국의 교량건설은 마치 순풍에 돛을 단 배와 같았다. 50년대에는 우한창장대교, 60년대에는 난징창장대교가 건설되었고, 70년대에는 현대화된 기술로 전국에 85만 개의 도로와 교량 그리고 20만 개의 철도, 만여 킬로미터에 달하는 고속철도가 새로 생겨났다. 전 세계에서 천 미터 이상 되는 현수교 13개 중 11개가 중국에 있고, 전 세계에서 600미터 이상 되는 사장교 21개 중 17개가 중국에 있으며, 전 세계 10대 아치형 다리, 10대 사장교, 10대 현수교 중 절반 이상이 중국의 것이다. 전 세계에서 가장 긴 해상대교, 경간이 가장 넓은 도로 철로 겸용 교량, 가장 높은 철교, 경간이 가장 큰 철강 아치형 교량, 가장 높은 현수교, 가장 긴 교량, 가장 높은 교량, 협곡 간 경간이 가장 큰 철강빔 현수교 등등 모든 기록을 중국에서 보유하고 있는 중이다. 중국의 옛말 중에는 '수나라 때보다 부유한 적은 없다(富莫如隋)'는 말이 있는데 이는 수나라 때의 천하의 물산이 풍부했음을 의미한다. 이러한 환경 속에서 이춘 등 장인들은 천년의 영광을 누리는 업적을 남기게 된 것이다. 오늘날 이춘의 후손들은 조상만큼이나 훌륭한 성과를 이루어 민족의 부흥을

알리게 되었다. 지금 중국 전역을 다니는 것은 사실상 거대한 교량박
람회를 참관하는 것과 같다. 아래에서는 100만 건이 넘는 작품 중 다
소 특별한 것들을 살펴보도록 하겠다.

항저우 첸탕강대교 건교 50주년에서 91세의 마오이성은 자신이 설계하고 건설한 대교 앞에서 사진을
남겼다. (신화사)

우한창장대교

　후베이성 우한의 창장 위에 위치한 우한(武漢)창장대교는 중화인민
공화국 건립 이후 첫 번째로 지어진 도로와 철도 겸용 교량이다. 또
한 역사상 창장에 건설한 첫 번째 고정 교량이므로 '만리 창장 제일교'
라는 칭호가 생겼다. 대교의 전장은 1,670미터, 주교의 전장은 1,156
미터이고 상층에는 왕복 4차선 도로가 하층에는 복선 철로가 있다.
1955년 9월 1일에 착공에 들어가 1957년 7월 1일에 주교가 연결되었
고 1957년 10월 15일에 개통 운행되기 시작했다. 1956년 6월에는 마
오쩌둥이 우한을 시찰하면서 "다리 하나가 남북을 가로지르니, 천연
의 요새가 탄탄대로로 변했다(一橋飛架南北, 天塹變通途)(『수조가두(水調歌
頭)·유영(游泳)』)"라는 시구를 인용하여 공사 중인 대교에 대해 묘사
하기도 했다.

　창장은 중국에서 가장 큰 강으로 칭하이(靑海)에서 발원해 상하이를
통해 태평양으로 흘러 들어가는 6,300여 킬로미터의 세계에서 세 번

째로 긴 강이다. 중국인들은 습관적으로 이 긴 강을 세 지역으로 분류한다. 쓰촨 이빈(宜賓) 이후부터 바다로 들어가는 구간을 창장이라 부르는데 약 2,900킬로미터에 해당한다. 쓰촨 이빈에서 칭하이 위수(玉樹)까지의 구간은 진사(金砂)강이라 부르는데 약 2,300킬로미터가 된다. 칭하이 위수에서 발원지까지 퉁톈(通天)허라고 부르는데 이곳은 1,000여 킬로미터에 달한다. 창장은 지리적으로 중국을 남북으로 가르고 육로 교통을 차단하는 형상이다. 따라서 남과 북을 왕래하는 사람들은 상대적으로 안정성이 낮은 수상교통을 사용해 왔다. 이 때문에 창장은 줄곧 '천혜의 위험'이었고, '천연의 요새가 탄탄대로로 변하는' 일은 오랜 기간 중국인들의 소원이었다.

20세기 이후 수 대에 걸쳐 중국인들은 우한에 창장대교를 건설하기 위한 노력을 시작했다. 1906년 베이징에서 우한의 핑한(平漢)으로 이어지는 중국 최초 남북 철로가 개통되었다. 이어서 광저우에서 우한으로 통행하는 '웨한(粤漢)철로'와 쓰촨에서 우한으로 통하는 '촨한(川漢)철로'가 준비되면서 우한은 중국의 주요 철도교차점이 되었다. 이 시기 후베이와 후난을 관할하는 호광(湖廣)총독인 장즈둥(張之洞)은 창장대교를 건설하고자 하는 구상을 하지만 자금문제로 결렬되었다. 1912년 4월 쑨중산(孫中山)은 우한에서 강연을 하면서 "우창(武昌), 한양(漢陽), 한커우(漢口)의 세 진을 하나로 연결하기 위해서는 양쯔강에 대교를 만들거나 터널을 뚫어서 한 개의 시로 만들어야 한다."라고 주장했다. 1913년는 베이징에서 장쟈커우(張家口)를 잇는 철로와 롼허 철로의 건설을 주관했던 엔지니어 쯔안톈유가 학생들을 대동하여 우한에서 대교를 건설할만한 지점에 대해 기초적인 측량을 진행했다. 1919년에 쓰인『실업계획』이란 책에는 쑨중산이 우한을 위해 계획한 거대한 교량건설 프로젝트 방안이 들어있다. 1920년대 말 우한은 다시 한번 창장 위에 대교를 건설할 방안을 검토했지만 역시 자금문제 및 군벌의 혼전 속에서 지면에 그쳤다. 1935년 장즈둥은 30년 전에 기획했던 광저우에서 우한으로 이어지는 웨한철로 완공이 임박하자 다시 한번 우한에서 남북 철로를 이을 필요성을 절박하게 느낀다. 그래서 철로 페리까지 고려했지만 창장 수위의 오르고 내림 폭이 너무 커서 양쪽 강안의 수위에 맞춰 철로 페리를 연결할 수가 없었고, 결국 이 방안 역시 무산되었다. 이후 8년간의 항일전쟁과 3년간의 국공내전으로 창장에 대교를 건설하는 일은 언급조차 되지 않았다. 구시대의 중국은 전쟁과 가난으로 이렇게 반세기 동안 창장대교 건설의 꿈은 이루어질 수 없었다.

반세기 동안의 창장대교 건설의 꿈은 중화인민공화국 성립과 함께 이루어졌다. 건국 하루 전날 마오이성 등 교량 전문가들은 곧 출범할 중앙인민정부에게「우한 기념교 건설 준비 건의서」를 제출했다. 1949

석양이 비추는 우한 창장대교의 모습. (비주얼 차이나)

년 10월 1일 중화인민공화국이 만들어진 후 마오쩌둥이 주관한 제1
차 중국인민정치협상회의에서 우한 창장대교에 관한 안건이 통과되
었다. 1950년 중앙인민정부는 '우한대교 측량탐사팀'을 조직하고 전
반기 조사를 실시했다. 1953년 4월 정무원 총리 저우언라이(周恩來)가
우한대교 공정국의 설립을 허가하자 우한 창장대교 건설준비 작업을
전문적으로 맡게 된다. 1954년 1월 중앙인민정부 정무원 회의에서
「우한 창장대교 건설에 관한 결의」가 통과되었고 소련의 교량 전문가
의 도움으로 1955년 9월 1일 드디어 우한 창장대교가 착공에 들어갔

다. 1957년 9월 25일, 모든 준공이 완료되고 10월 15일에 정식으로 개통되었다.

우한 창장대교는 근 60년의 풍파를 겪으면서도 여전히 창장 위에 굳건히 서 있다. 창장대교는 중국 교량 역사상 하나의 이정표를 남겼다. 창장대교는 중국 남북 두 지역의 경제교류와 사회발전에 커다란 역할을 하였다. 이 대교가 건설된 이후 쓰촨 이빈에서 입해구까지 2,900킬로미터의 구간에 이미 112개의 다리가 건설되었으니 평균 26킬로미터 마다 다리 하나가 생긴 셈이다. 또한 2,300킬로미터 길이의 진사강에는 60개의 다리가 만들어져 평균 40킬로미터마다 다리 하나씩을 갖추게 되었다. 만약 중국 대륙이 하나의 교량 전시장이라면 이곳 창장이야말로 가장 멋진 부분이 아닐까 싶다.

난징창장대교

  쟝쑤성 난징 구러우구(鼓樓區)와 푸커우구(浦口區) 사이에 위치한 난
징(南京)창장대교는 창장에 있는 교량 중 최초로 중국이 직접 설계하
고 건설한 철도와 도로 겸용 교량이다. 1960년 1월 18일 8년의 시공
기간을 거쳐 드디어 난징창장대교가 정식 개통되었다. 철로가 먼저
열렸는데 1968년 10월 1일 새벽 푸저우(福州)발 베이징행 46번 열차
가 교량을 통과한 첫 번째 객차가 되었다. 1968년 12월 29일에는 도
로가 준공됨으로써 대교 전체가 완공되었고 1969년 1월 1일부터 유
료사용이 시작되었다.

  대교 상층의 도로는 길이 4,589미터, 폭 15미터이고 양방향으로 2
미터 넓이의 보행로가 마련되었다. 하층은 복선 철로로 길이 6,772미
터이고 진푸(津浦)철도와 후닝(滬寧)철도를 연결하는 간선철도에 해당
된다. 대교 아래 수면부터 다리까지의 높이는 24미터로 5,000톤급 선
박이 통행할 수 있다. 난징창장대교는 1960년대 '세계 최장 철도 및

도로 겸용 교량'으로『기네스북』에 등재되었다.

우한창장대교와 마찬가지로 난징에서 건설된 창장대교 역시 반세기에 걸친 숙원사업이었다. 1905년 3월 청나라 조정은 상하이부터 난징에 이르는 철로인 후닝선을 착공하였고, 1908년 11월에 완공하였다. 이어서 같은 해 톈진에서 난징 푸커우에 이르는 철로 진푸선을 착공하고 1912년에 완공하였다. 이때 이미 구축된 동부지역 철도의 남북간선이 난징에 이르러 창장에 막히는 바람에 승객과 화물은 양쪽 접안시설에 내려 선박에 적재해 도하한 후 다시 철도를 이용해야 했다. 이러한 심각한 제약으로 인해 열차가 직접 강을 도하하게 만드는 문제에 대한 해결이 더욱 절박한 상황이었다.

1918년, 민국 정부가 프랑스 교량 전문가를 초빙하여 난징에서 교량을 건설하기 위한 실측을 진행했지만 소득없이 종결되었다. 1930년 민국 정부 철도부는 10만 달러를 주고 미국 교량 전문가 존 월터를 초빙하여 강 양안의 샤관(下關)과 푸커우(浦口)에 대한 탐사를 진행했지만 '수심이 깊고 유속이 빨라 교량을 건설하는 데 부적합하다'는 결론을 짓고 페리를 이용하는 방안을 채택한다.

1933년 10월 22일, 샤관에서 푸커우에 이르는 중국 최초의 열차 페리가 개통되었다. 열차 페리 위에는 전용 레일이 설치되었고 이것이 양 강 안의 포구에 있는 레일과 연결되었다. 열차의 각 칸이 분리되어 페리에 실려 도하된 후, 건너편에 대기 중인 기관차에 연결되어 다시 내륙으로 이동되는 방식인 것이다. 1,000미터에 이르는 강폭으로 인해 한 번 도하하는 시간은 대략 한 시간 반이 걸렸고 하루 운행은 겨우 20회 정도에 불과했다. 중화인민공화국이 된 후 경제적 발전으로 인해 1958년에 이르면 난징 열차 페리는 하루 100회 운행에 이르게 된다. 하지만 여전히 수요에는 미치지 못하는 실정이었고, 징후(京滬)철도 노선을 개통하여 난징의 병목현상을 해결하는 것이 경제발전을 위한 필수적인 요구사항이 되었다.

1958년 9월, 국무원은 난징창장대교건설위원회 성립을 비준하고 대교의 설계 및 시공 프로젝트를 전담하도록 하였다. 1958년 설계와 실측을 시작으로 1968년 완공 후 개통까지 꼬박 10년이라는 기간 동안 과학자와 엔지니어 그리고 설비공을 포함하여 10만여 명의 인원이 공사에 참여했다. 아마도 인류의 교량 건설 역사상 가장 많은 인원이 참여한 프로젝트일 것이다. 대교의 개통으로 56년간 창장을 사이에 두고 떨어져 있었던 남북의 철로가 연결되었고 베이징과 상하이 간의 직통노선이 건설되었다. 창장을 건너는데 고작 2분이 소요되니 열차 페리를 이용했을 때와 비교하면 근 50배의 효율성을 갖게 된 것이다. 특히 중국 동부지역 경제와 사회 발전에 커다란 원동력이 되었다는 점에 의미가 있다.

난징창장대교. (인민의 시각)

구이저우 장제이교

　구이저우(貴州) 윙안(瓮安)현에는 우(烏)강의 전톈둥(震天動)대협곡을 가로지르는 장제이(江界)교가 있다. 대교는 너비가 13.40미터, 고도는 강수면으로부터 263미터, 전장은 461미터이다. 그중 경간이 330미터에 달하는 메인 홀 부분은 건설 당시 콘크리트 방식 교량 중 세계 최고의 위치를 점했다. 대교는 1992년 3월에 착공하여 1995년 6월에 준공되었다. 경간, 조형, 공예, 변형력 체계, 시공방식 등 다방면에서 기록을 돌파해 '중국 아치교의 정수이자 세계 교량의 걸작'이라는 영예를 얻었다.

　장제이교가 위치한 전톈둥대협곡은 상류 쪽의 강 넓이가 200미터 정도인데 이곳 협곡에 이르러 갑자기 폭이 50미터로 줄어들면서 계곡이 300미터 이상으로 깊어지고 낙차도 10미터에 달해 엄청난 급류가 형성된다. 천지를 진동시킨다는 의미인 전톈둥 역시 여기서 비롯된 이름이다. 이렇듯 장제이교에서 바라보는 대협곡은 그야말로 장관을 이룬다.

항공 촬영한 장제이교. (비주얼 차이나)

리우광허대교

리우광허(六廣河)대교는 구이저우성 슈원(修文)현에 위치한 대형 교량이다. 1999년 11월에 착공하여 2001년 9월에 준공되었다. 길이는 564.2미터, 메인 경간 240미터, 수면으로부터 교량까지의 수직 높이가 300미터 가까이 되는 건설 당시 세계에서 가장 높았던 교량이다. 본 교량이 완공되기 전에는 290미터가 세계에서 가장 높은 다리였는데 바로 1929년 미국 콜로라도주 아칸소강 로열협곡 현수교가 72년간 지켜온 기록이었다.

리우광허대교가 위치한 리우광허협곡은 우강의 상류에 속하는 곳으로 가파른 계곡, 수직으로 낙하하는 폭포, 울창한 숲 그리고 각종 야생동물이 서식하는 천혜의 비경이다. 이러한 절경을 더욱 돋보이게 만드는 것은 먀오(苗)족과 부이(布依)족의 촌락으로, 그 모습은 세상 밖 무릉도원을 방불케한다. 명나라 무종(武宗) 정덕(正德) 원년(1506년) 대학자인 왕양명(王陽明)은 당시 실권자인 환관의 미움을 사 멀리 이곳

슈원현까지 유배를 와 말단 역참(驛站) 주사(主事)를 맡았다. 이때 리우광허를 유람하고 다음과 같은 시를 남겼다. "새벽 동트면서 훤해지니 마치 새벽 노을 같고, 포구의 백사장엔 비 내린 흔적 있지만 다시 개이고 있네. 계곡이 깊어 몇 번이고 구불구불 운무가 협곡을 감추고, 나무는 늙어 천년이나 되었는데 눈꽃이 꽃잎처럼 보이는구나. 하얀 새는 끝까지 날아갔다 역로로 되돌아오고, 푸른 벼랑 빈틈에 인가가 보이는구나. 기묘한 경치를 두루 다녀봤지만 이제야 이곳을 지나네, 이곳 육광하에서는 구화산을 흠모하는 수고일랑 하지 마시오.(「陸廣曉發」: 初日曈曈似曉霞, 雨痕新霽渡頭沙. 溪深幾曲雲藏峽, 樹老千年雪作花. 白鳥去邊回驛路, 靑崖缺處見人家. 遍行奇勝才經此, 江上無勞羨九華.)" 내용을 보아하니 이곳의 경치가 왕양명이 본래부터 좋아했던 구화산에 비해 전혀 손색이 없었던 모양이다. 만약 왕양명이 오늘날 리우광허대교 위에서 협곡을 바라본다면 정말로 '시선이 고정되고 정신이 이끌리어, 제대로 말을 할 수 없는(目定魂攝, 不能遽語)' 지경이 되지 않았을까?

리우광허대교. (비주얼 차이나)

허장터대교

구이저우성 허장현에는 허장터(赫章特)대교가 있다. 2010년 6월에 착공하여 2013년 3월 29일에 완공하였다. 대교는 피 에스 콘크리트와 스틸 구조로 만들어진 교량으로 그 길이는 1073.5미터이다. 허장터대교가 세계적으로 이름을 알리게 된 것은 바로 11번째 교각 때문이다. 이 교각은 상당히 깊은 계곡에 세워졌는데 그 높이가 195미터에 달한다. 이는 중국 내 동종 교량 중 최고 기록이고 아시아에서도 가장 높다.

교량이 위치한 산은 풍속이 매우 빨라서 항상 6급 이상을 기록하기 때문에 11호 교각의 시공은 매우 복잡했다. 교각이 너무 높아서 일반 수송펌프의 압력으로는 아예 공급을 할 수 없었고 결국 두 대의 고강도 콘크리트 수송펌프를 설치할 수 밖에 없었다.

구이저우는 중국에서 유일하게 평지가 없는 지방으로 곳곳이 고산에 협곡이라 도로나 교량을 설치하는데 난이도가 매우 높다. 구이저우에서의 교량 건설은 경간, 고도 등 여러 방면에서 중국은 물론 세계 기록에 대한 끊임없는 도전이나 마찬가지였다.

허장터대교. (비주얼 차이나)

센선허대교

센선허(仙神河)대교는 산시와 허난 두 성의 경계에 있는 타이항(太行)산 최남단 저저우(澤州)현에 위치한다. 대교는 2005년 초에 착공에 들어가 3년의 시간을 거쳐 2008년에 완공되었다. 진입 램프의 길이는 64미터, 본교는 267미터, 교각 주탑까지의 총 높이는 214미터로 이는 동종의 교량 중 아시아에서 1위, 세계에서 2위를 차지한다.

센선허대교는 타이항의 깊은 골짜기에 몸을 숨기고 있는데 협곡 바닥에서 교량면까지의 고도는 150미터가 넘고, 교량이 걸쳐진 양쪽은 400미터가 넘는 수직 절벽에 해당한다. 협곡 바닥은 겨우 30여 미터 정도로 교각 하나만 바닥에서 우뚝 솟아있는데 멀리서 보면 마치 거인이 두 팔을 벌려 양 절벽을 밀고 있는 형상이다. 또 교면 위로도 역시 주탑 하나만 세워져 있는데 양쪽으로 와이어가 부채형상으로 펼쳐져 한 마리의 매가 계곡 사이에서 비상하는 듯한 모습을 보여주고 있다.

센선허대교. (비주얼 차이나)

바링허대교

구이저우성 관링(關嶺)현 내 관쉬(關索)령과 사이쟈(曬甲)산이라는 두 산맥 사이 거대한 협곡에 바링(壩陵)이라는 큰 강이 흐르고 그 사이에 거대한 사다리가 놓인 듯 교량 하나가 자리잡고 있는데 이것이 바로 바링허대교이다. 대교의 전장은 2,237미터, 메인 경간은 1,088미터, 강 수면에서 다리면까지 높이는 370미터로 양방향 4차선 고속도로가 깔려있다. 대교는 2005년 4월에 착공하여 4년이라는 시공 기간을 걸쳐 2009년 5월에 본교를 연결하였고 2009년 12월 23일에 개통되었다. 대교에는 대략 6.5톤의 각종 철강을 사용하여 그 건설비용은 약 14억 8천 만 위안에 달한다.

바링허대교는 상하이에서 윈난의 루이리(瑞麗)에 이르는 고속도로의 핵심 프로젝트이다. 대교 건설은 원래 1시간이 걸리던 시간이 4분으로 단축되어 편리한 교통을 제공했을 뿐만 아니라 3,695킬로미터에 달하는 후루이(滬瑞)고속도로의 전 구간이 완성됨을 의미하기도 했다.

바링허대교는 주변 자연환경과 함께 인문과 과학이 어우러진 곳이

관령 바링허대교. (비주얼 차이나)

다. 대교에서 주변을 바라보면 마치 파도가 일렁이듯 산들이 펼쳐져 있고 316미터나 되는 폭포가 장관을 이룬다. 이곳은 삼국시기 제갈량(諸葛亮)이 "맹획을 일곱 번이나 사로잡았다(七擒孟獲)"라는 이야기가 전해지는 옛 전장이다. 또 대교의 한 쪽 끝이 걸쳐있는 관쉬령은 이곳에서 격전을 치른 삼국의 명장 관우(關羽)의 아들인 관색(關索)을 기념하기 위해 지은 것이고, 관링현의 '관(關)' 역시 관우 부자를 기리기 위해 명명한 것이라 한다. 바링허대교는 건설 당시 중국에서 경간이 가장 넓은 철강 트러스 현수교로 세계 교량 건축 역사에서도 전례가 없던 케이스이다. 마치 무지개처럼 가로놓인 대교를 바라보면 누구라도 감탄을 금치 못할 것이다.

야츠허대교

야츠허(鴨池河)대교는 구이저우성 칭전(淸鎭)시와 쳰시(黔西)현의 경계 지역에 있는 야츠허에 만들어진 교량이다. U자형 협곡에 건설된 이 교량은 너비 28미터, 전장 1,450미터, 메인 경간 800미터로 세계에서 이미 완성된 교량 가운데 가장 큰 경간을 가진 강철 트러스 사장교이다. 수면으로부터 교량까지의 수직 높이는 434미터로 그 고도는 세계 5위에 랭크되어 있다. 이 대교는 2014년 8월에 착공하여 2016년 7월 16일에 완공하였다.

구이저우의 험준한 산지에 이런 대형 교량을 건설하는 일은 상당한 어려움이 뒤따랐다. 험준한 절벽 사이로 바람길이 형성되었는데 늘 8급 정도의 바람세기가 나타났고, 변화무쌍한 기후가 일 년 중 반 이상을 차지했다. 가파른 경사로 도로 사정이 좋지 않으므로 자재 운반하는 것도 쉽지 않았다. 교량 건설자들은 이러한 악조건 속에서도 세계적으로 인정받는 업적을 창조해 낸 것이다. 2018년 6월 11일 미국 워싱턴에서 거행된 제35회 국제교량대회에서 야츠허대교와 베이 판장(北盤江) 제일교는 교량업계 노벨상으로 불리는 '구스타프 린덴탈 (Gustav Lindenthal)상'을 함께 거머쥐게 되었다.

구이저우 야츠허대교. (비주얼 차이나)

베이판장대교

    윈난성 우멍(烏蒙)산맥에서 발원한 베이판장은 윈난과 구이저우 두 성을 연이어 흐르는데 그 강폭이 좁고 유속이 세차서 보기에도 아찔한 협곡을 구불구불 형성하고 있다. 이 베이판장에는 여러 개의 교량이 있는데 그 중 윈난과 구이저우 두 성에 경계한 지역에 만들어진 거대한 다리가 가장 주목을 끈다. 이것이 바로 600미터의 너비에 달하는 U자형 대협곡 사이에 위치한 베이판장대교이다. 이 다리는 2013년에 착공하고 약 4년의 시공 기간을 거쳐 2016년 12월 29일에 개통되었다. 대교의 전장은 1,341.4미터 수면에서 다리까지의 수직 거리는 565.4미터, 수면에서 교량탑까지의 수직 거리는 740미터에 달한다. 베이판장대교는 2018년 말까지 강철 트러스 사장교 중 경간이 가장 큰 교량이라는 세계 기록을 보유하였고, 세계에서 가장 높은 다리로 기네스에 등록되기도 했다. 2018년 6월 11일에는 미국 워싱턴에서 열린 제35회 국제교량대회에서 '구스타프 린덴탈(Gustav Lindenthal)'상을 받기도 했다.

베이판장대교. (비주얼 차이나)

차오톈먼창장대교

　　차오톈먼(朝天門)창장대교는 중국 충칭(重慶) 경내 창장에 위치한 교량으로 충칭시 강북 중심지에서 남쪽을 연결하는 중요한 통로이자 충칭 중심에서 동서 양쪽 외곽을 이어주는 간선도로이기도 하다. 2004년 12월에 착공하여 약 4년 반의 시공 기간을 거쳐 2009년 4월 29일에 정식으로 개통되었다. 대교의 전장은 1,741미터, 메인 경간은 552미터로 교면 상층엔 양방향 6차선 도로가 있고, 하층엔 양방향 복선 레일이 있다. 교량이 시공되던 당시에는 경간이 세계에서 가장 큰 아치형다리였다.

충칭 차오텐먼창장대교. (비주얼 차이나)

쓰두허대교

　상하이에서 차량을 이용해 충칭을 가려면 1,800킬로미터에 달하는 후위(滬渝)고속도로를 달려야 하는데 도중에 근 240여 개의 대교를 만날 수 있다. 그중 후베이 경내 언스(恩施)시와 이창(宜昌)시를 흐르는 쓰두허(四渡河)에는 중국 내 산지에 위치한 교량 중 가장 큰 현수교라는 쓰두허대교가 있다. 대교의 위치는 어(鄂) 즉 후베이(湖北) 서남쪽 산지인데 서쪽은 언스 바둥(巴東)현 예싼관(野三關)진에서 시작하고 다른 한쪽은 이창시 창양(長陽)현에서 끝난다. 대교의 길이는 1,100미터, 주교 길이 900미터, 너비 24.5미터로 양방향 4차선 도로가 설치되어 있다. 대교의 케이블 주탑에서 협곡 지면까지의 높이는 650미터에 달하고, 교량에서 협곡 지면까지는 500미터이다. 2004년 8월 20일에 착공하여 2008년 10월 24일에 완공되었고, 2009년 11월 15일부터 통행이 시작되었다.

　쓰두허대교가 알려진 것은 기록적인 경간 길이 뿐만 아니라 시공과정 중 세계 최초로 '로켓 발사식 케이블 장착 기술'을 사용했다는 점이다. 빽빽한 삼림과 가파른 계곡에 대교를 건설하는데 있어 가장 큰 난관은 먼저 협곡 양쪽에 임시 가교를 설치하는 것이다. 가교를 설치할 때는 먼저 유도케이블 하나를 반대 언덕으로 보내고, 이를 이용해 필요한 와이어로프를 천천히 협곡 쪽으로 밀어보내야 한다. 전통적인 방법은 헬리콥터를 사용하거나 인력으로 밀어보내는 것이었다. 하지만 절벽 끝에는 헬리콥터를 운용할 장소가 없었고 게다가 강한 풍속은 헬리콥터의 안전에 매우 위협적이었다. 빽빽한 삼림으로 이루어진 계곡에서 인력에 의지해 유도케이블을 보내는 것도 비현실적이었다. 이러한 장애물은 많은 하도급 회사를 공사에서 이탈시켰다.

해결할 방법이 거의 없는 것으로 보였지만 시공업자들은 기발한 아이디어를 짜기 시작했다. 프로젝트 책임자는 먼저 해상에서 고래잡이에 사용하는 고래작살에 케이블을 묶어 보내는 것을 생각하더니 이어서 대전차미사일을 발사해서 유도선을 제어한다는 것까지 확대하였다. 그리고 군측 전문가의 조언을 통해 로켓으로 유도케이블을 보내는 방법을 고안하였다. 여러 차례 이론적 계산과 시험을 거쳐 2006년 10월 10일 오전 9시 세계 교량 건축사상 '첫 번째 로켓'이 너비 900미터, 깊이 500미터의 계곡 위를 날아올라 1,000여 미터나 되는 유도케이블 두 가닥을 반대편 언덕에 정확하게 안착시켰다. 전 과정은 겨우

3초에 불과했다. 이 기발한 아이디어는 쓰두허대교 공사 중 가장 어려운 문제를 해결해 주었을 뿐만 아니라 기술적 성숙, 원가 절감, 편리한 조작, 안전성 담보, 시간 절약 등을 가져다주었다. 또한 후속 교량 시공에서 즉시 채택되었고, 심지어는 홍수재해 긴급구조나 삼림방재 등 각종 민영사업 영역까지 확대되었다.

후베이 언스 쓰두허대교. (비주얼 차이나)

난징아이보행교

난징아이보행교는 난징 젠예(建鄴)구에 있다. 2013년 1월 15일 착공하여 2014년 8월 16일에 완공되었다. 대교의 총 길이는 827미터, 본교의 길이는 531.5미터, 메인 경간은 240미터, 진입 램프의 길이는 296미터, 교면 너비는 10미터에서 22미터 사이의 제원을 가지고 있다. 교량의 너비가 균일하지 않다는 점에서 애초 설계단계부터 차량통행을 염두하지 않았음을 알 수 있다. 이는 바로 보행전용 교량으로 동시에 4만 명까지 수용할 수 있다.

사실 이 대교는 그 자체가 하나의 예술품이다. 이중 탑, 이중 케이블, 스틸박스형 사장교인 이 교량에는 모두 36개의 사선 케이블이 있는데 강안 양방향으로 35도 기울어진 타원형 케이블 탑에 연결되어 있다. 멀리서 보면 그 모양이 큰 눈과 같이 생겨서 '난징아이'라고 부르는데 그 외관을 아주 간명하게 잘 드러내고 있다.

물론 교량의 조형 역시 사람들의 이목을 집중시키는 요소 중 하나이다. 일률적이지 않은 교량의 너비, 중간 부분이 살짝 떠오른 아치형 곡선 등은 강남 지역의 오래된 돌다리에서 영감을 얻은 것이다. '난징 아이'는 최신의 건축재료와 전통의 심미관이 결합된 교량이다.

교량의 참신한 조형미는 2015년 6월 미국 펜실베니아주 피츠버그에서 열린 제32회 국제교량대회에서 '아서 애슈킨(Arthur Ashkin)'상을 수상하게 만들었다. 이 상은 특히 창조 분야에서 권위가 있는 국제적 표창이다.

난징아이보행교. (비주얼 차이나)

난징 다성관창장대교

다성관(大勝關)창장대교는 쟝쑤성 난징에 흐르는 창장에 설치된 고속철도교량이다. 2006년 9월 14일에 착공하여 2009년 9월 28일에 연결되고 2011년 1월 11일에 개통되었다. 교량은 전장 9,273미터, 수면에서 교량까지 수직거리가 32미터로 만 톤급 선박이 통과할 수 있다.

공사에 투입된 자본은 45억 6천 만 위안으로 건설 당시 경간, 설계 하중, 규모 등에서 모두 세계 최대를 기록하여 '세계 철도교 중 최고'라는 영예를 안았다. 규모 면에서만 보아도 교량에 사용된 철강구조의 총중량이 36만 톤, 콘크리트 122세제곱미터에 달했다. 교량에 있는 3개의 주교각 면적은 모두 2,900세제곱미터 이상이 되는데 이는 농구장 7개 크기에 해당한다.

한편 국제 교량업계의 호평을 받아 2012년 6월 미국 피츠버그에서 열린 제29회 국제교량대회에서는 국제교량업계 최고의 상인 조지 리차드슨(George Richardson)상을 수여받기도 했다. 이 상은 매년 단기 완성된 단 하나의 우수 교량만 받을 수 있는 것으로 대회에서 다성관창장대교는 '세계에서 유일무이한 탁월한 걸작'이라는 찬사를 받았다.

난징 다성관창장대교. (비주얼 차이나)

난푸대교

난푸(南浦)대교는 상하이 경내 황푸(黃浦)구와 푸둥(浦東)신구를 연결하는 통로이다. 황푸강은 상하이의 중요한 수로로 상하이를 푸시(浦西)와 푸둥(浦東) 두 곳으로 분할한다. 1990년대 국가에서 푸둥개발을 시행하기 전 푸시는 이미 100여 년 이상의 발전을 이루었다. 하지만 강 하나 차이로 푸둥은 황무지나 마찬가지였다. 푸둥을 개발하기 위해서는 반드시 교통을 먼저 확보해야 했다. 1988년 12월 25일, 난푸대교가 착공되었고, 1991년 11월 19일에 완공된 후 1991년 12월 1일에 운행이 시작되었다. 교량의 완성은 푸둥신구의 개발에 중대한 의미를 갖는다.

교량의 선로 전장은 8,364미터, 주교의 길이 836미터이고 위에는 양방향 6차선 도로를 갖추고 있다. 난푸대교는 마치 한 마리 거룡처럼 황푸강 위에 누워 있어 하늘 위로 우뚝 솟은 마천루와 대비를 이루며 웅대한 장관을 만들고 있다.

난푸대교는 상하이 황푸강에 첫 번째로 만들어진 교량이다. 난푸대교는 황푸강 교량 건설 30년 역사의 서막을 열었다. 난푸대교가 만들어진 이후로 양푸(楊浦)대교, 루푸(盧浦)아치형대교, 쉬푸(徐浦)대교, 민푸(閔浦)대교 등 10여 개의 현대화 대형 교량이 생겼다.

야간에 촬영한 상하이 난푸대교의 환상교차로. (비주얼 차이나)

양푸대교

양푸(楊浦)대교는 상하이 경내를 흐르는 황푸강 위에 세워진 교량으로 양푸(楊浦)구와 푸둥구를 잇는 통로이다. 1991년 5월 1일에 착공하여 1993년 9월 15일에 완공되었고 1993년 10월 23일에 개통 운행되고 있다.

양푸대교는 선로 전장 8,354미터, 주교의 전장 1,172미터인데 특히 602미터의 메인 경간은 건설 당시 접합식 사장교 가운데 세계 최고였다. 강수면에서 교량까지는 48미터로, 만 톤급 이상의 선박이 통행 가능하다.

양푸대교의 주탑은 208미터로 상당한 높이를 자랑하는데 교량의 두 주탑으로부터 선형으로 뻗은 강철 케이블은 마치 거대한 하프처럼 보이기도 한다. 이와 같은 참신한 디자인과 조형 덕분에 중국 사장교의 수준을 한 층 더 끌어올렸다는 평가를 받는다.

상하이 양푸대교의 원경. (비주얼 차이나)

쑤퉁대교

쑤퉁(蘇通)대교는 쟝쑤성 동부의 난퉁(南通)과 쑤저우(蘇州)를 연결하기 위해 창장 위에 건설된 도로 교량이다. 2003년 6월 27일 착공하여 5년간의 시공을 거쳐 2008년 6월 30일에 개통되었다. 대교의 전장은 32.4킬로미터인데 그중 강수면 위에 설치된 교량의 길이는 8,146미터, 메인 경간은 1,088미터에 달한다. 주탑의 고도는 300.4미터이고 가장 긴 사장 케이블이 577미터에 달하는데 이는 세계 최고의 길이이다. 주교의 선박 통과 높이는 62미터로 5만 톤급 화물선도 충분히 통행 가능하다.

쑤퉁대교의 시공계획은 1991년부터 시작되었다. 따라서 계획, 설계, 탐측 등 사전준비단계에서만 12년의 시간이 소모되었고 다시 5년이라는 시공 기간을 더해 전체 17년이 걸렸다. 공사에 투자된 금액만 약 84억 위안으로 건설 당시 중국 교량시공 사상 최대 규모의 사업이었다. 쑤퉁대교의 개통은 창장 삼각주의 교통 일체화와 경제발전에 커다란 작용을 하였다.

2008년 6월 2일 미국 피츠버그에서 열린 제25회 국제교량대회는 쑤퉁대교에게 조지 리차드슨상을 수여하였다. 이는 당시 중국 교량 시공사업이 획득한 최고의 국제적 수상이다. 이외에도 2009년에는 '중국 도로학회 과학기술상'을, 2010년도에는 미국 토목공정협회에서 주최하는 토목공정우수성취상을, 2010~2011년도 중국 건설공정 루반(魯班)상을 받기도 했다.

쑤퉁대교의 풀네임은 쑤퉁창장도로대교이다.
(비주얼 차이나)

항저우만해상대교

저장성 항저우만에 위치한 항저우(杭州)만해상대교는 쟈싱(嘉興)시와 닝보(寧波)시를 연결하는 해상 교량이다. 대교 선로의 전장은 36킬로미터로 교면에는 양방향 6차선 고속도로가 깔려있다. 2003년 6월 8일에 착공하여 5년간의 시공 기간을 거쳐 2008년 5월 1일에 개통되었다.

항저우만해상대교는 중국교량건설의 기술과 역량을 전 세계에 보여주었다. 대교는 전장이 36킬로미터에 달하는 초대형 공사이지만 콘크리트 245 세제곱미터, 철강 82만톤 만을 소비하였을 뿐이다.

복잡한 해상 조건 역시 시공자들에게 상당한 어려움을 끼쳤다. 대교가 있는 항저우만은 브라질의 아마존강 하구, 방글라데시의 갠지스강 하구와 함께 강력한 조수를 형성하는 세계 3대 만 가운데 하나이다. 게다가 이곳은 태풍의 길목으로 일 년 중 9개월 이상 7급 태풍이 불어 공사를 진행할 수 있는 시간은 겨우 반년 남짓하다. 이러한 악조건을 딛고 과학적이고 체계적인 시스템으로 기적을 이뤄낸 것이다.

항저우만해상대교의 건설로 상하이, 항저우, 닝보 세 지역이 경제 '골든 트라이엥글'로 연결되어 주변의 도로, 항만, 항공, 철도 등 교통망이 일체화된 대권역을 형성하였다. 이로써 교통시간이 단축되고 운송원가가 절감되는 경제적 효과를 만들어냈다.

대교에는 서비스구역과 관광타워도 마련되어있다. 서비스구역에서는 음식, 숙박, 관광, 쇼핑 등이 가능하다. 관광타워에서는 웅장한 대교와 광활한 항저우만을 한눈에 담을 수 있다.

항저우만해상대교. (비주얼 차이나)

쟈오저우만해상대교

쟈오저우(膠州)만해상대교는 산둥성 칭다오(靑島) 경내 쟈오저우만
에 위치한 교량으로 칭다오에서 란저우(蘭州)를 연결하는 G22고속도
로(일명 칭란고속도로)의 중요 구간에 속한다. 대교는 동쪽으로 하이완
(海灣)대교의 입체교차에서 시작하여 쟈오저우만을 건너고, 홍다오(紅
島) 입체교차를 거쳐 서쪽의 황다오(黃島) 둥중추 입체교차까지로 선로
전장은 42.23킬로미터, 교량 전장은 31.63킬로미터로 교면에는 양방
향 6차선 고속도로가 있다. 2006년 12월에 착공하여 시공 기간 4년
반을 거쳐 2011년 6월에 개통되었다.

건설될 당시에는 세계 최장 해상대교라는 기록을 세우기도 했다.
대교의 조형미 또한 독특하다는 평가를 받는다. 홍다오 입체교차는
마치 바다에 누워 있는 거대한 하프처럼 생겼는데 이곳에 위치하면
대교가 세 방향으로 뻗어 세 개의 선박통행교 및 비통행교와 교차되
는 모습을 목격할 수 있다. 『포브스』는 이 대교에 대해 지구상에서 가

항공촬영한 칭다오 쟈오저우만해상대교의 모습. (비주얼 차이나)

장 멋진 교량으로 푸른 하늘과 바다와 어우러져 힘과 미, 강함과 유함, 예술과 자연, 그리고 천연과 인공의 조화를 이룬 것이라고 극찬한 바 있다.

마치 한 마리의 용이 바다를 건너는 듯한 쟈오저우만해상대교의 모습. (비주얼 차이나)

시허우먼해상대교

　저장성 동부의 창장하구 남쪽, 항저우만과 연계된 동해 해역에는 군도가 있는데 이를 하나의 행정구역으로 묶어 저우산(舟山)시라고 한다. 시 전체는 1,390여 개의 도서와 수천 개의 암초로 구성되어 있다. 지역 안에는 수많은 항구와 종횡으로 뱃길이 연결되어 천혜의 인프라를 구축하고 있다. 저우산시는 상하이, 항저우, 닝보 등의 대도시를 등지고 태평양을 앞에 두는 지리적인 이점으로 창장삼각주 즉 창장 유역 전체 대외개방의 문호 역할을 한다고 말할 수 있다. 하지만 도서와 대륙 또 도서와 도서 간의 교통은 선박에만 의지하므로 태풍이 불거나 풍랑이 거세지면 해상교통이 수시로 중단되어 항포구 등의 자원을 제대로 활용할 수 없었다. 이를 해결할 수 있는 출구는 바로 교량 건설이었다.

　1990년대 말부터 저우산시는 대규모 교량 건설 프로젝트를 전개하기 시작했다. 1999년 9월 천강(岑港)대교가 저우산시에서 첫 번째로 착공된 이후로 약 20년간 20여 개의 해상대교가 건설되었다. 그 가운데 대륙과 본섬을 잇는 시허우먼(西堠門)대교가 가장 대표적이다.

시허우먼해상대교는 저우산시 경내 시허우먼 수로에 위치한다. 2005년 5월에 착공하여 2007년 12월에 개통되었다. 대교의 전장은 5.452킬로미터, 해상면 교량 길이는 2.588킬로미터로 교면에는 양방향 4차선 고속도로가 있다. 대교의 주교는 이중 라인으로 이어진 스틸박스형 현수교로 메인 경간은 1,650미터인데 스틸박스의 전장으로만 현수교 가운데 세계 제일이다.

항공촬영한 시허우먼대교의 모습. (비주얼 차이나)

저우산해상대교 중 한 곳인 시허우먼대교. (비주얼 차이나)

    시허우먼대교가 위치한 곳은 자연재해가 빈번한 곳으로 초대형 태풍이 자주 출현하는 곳이다. 따라서 태풍의 피해를 막는 일이 대교의 설계와 시공에 가장 중요한 포인트였다. 시공에는 세계에서 최초로 분리식 스틸박스 보강도리의 구조를 채택했는데 이는 17급의 초대형 태풍도 견딜 수 있는, 세계에서 바람에 대한 저항도가 가장 센 교량에 속한다.

시허우먼대교가 있는 저우산 군도 중에는 '해상불국(海上佛國)'이라 불리는 불교 4대 명지인 푸퉈(普陀)산이 있다. 교탑의 몸체 색상으로, 이러한 지역 문화의 특색이 두드러지는 '불광황(佛光黃)'이라는 주황색을 사용하여 장엄하고도 상서로운 이미지를 만들었다.

　　시허우먼대교는 2010년 미국 피츠버그에서 거행된 제27회 국제교량대회에서 '구스타프 린덴탈상'을 획득하였다. 이는 교량의 실용성, 기술수준, 신재료, 외관디자인, 주변환경과의 조화 등 부분에서 우수한 성과를 이룬 데 대한 평가이다. 5년 후에는 국제컨설팅 엔지니어 연합회에서 주관하는 2015년 '우수 프로젝트 항목상'을 수여받았다. 1913년에 창설된 이 기구는 세계은행(World Bank)에서 인가하는 가장 권위있는 엔지니어 컨설팅 국제조직이다. 대회의 수여식에서는 "시허우먼대교는 유수가 빠른 수로 위에 건설되어 저우산의 교통을 국가고속도로망에 편입시킴으로써 현지 발전과 해양경제건설을 가속화하는 중요한 역할을 했다. 대교 개통 후 저우산의 차량 유입량은 106%나 증가했고 이로써 민생이 크게 개선되었다."라고 축사했다. 같은 해 2014~2015년도 중국건설공정 국가우수공정상인 '루반상'을 받기도 했다.

강주아오해상대교

　광둥성 주쟝(珠江)구 링딩양(伶仃洋) 해역에 위치한 강주아오(港珠澳) 해상대교는 홍콩, 주하이, 마카오를 연결하는 교량 및 해저터널 공사 프로젝트이다. 2009년 12월 15일에 착공하여 2018년 2월 6일에 핵심 공정을 완성한 후 2018년 10월 24일 오전 9시, 시진핑주석이 개통 선언을 하였다. 대교가 개통된 후 홍콩에서 차를 타고 주하이와 마카오를 가는데 고작 30분이면 가능하다. 광둥, 홍콩, 마카오 세 지역이 '1시간 경제권'으로 진입하게 되니 이곳 다완구(大灣區, Greater Bay Area)에 새로운 날개를 달아준 셈이다.

　강주아오대교는 세 개의 선박 통행교와 한 개의 해저터널, 네 개의 인공섬 및 연결교로 구성된 '교량, 섬, 터널' 삼위일체의 복합교통시스템이다. 교량의 전장은 55킬로미터로 이는 세계 최장 해상대교 부문 기네스 세계기록이다. 그 중 주교는 29.6킬로미터이고, 홍콩항구에서 주하이 마카오항구까지가 41.6킬로미터이다. 시공 기간은 약 8년이고 총 투자액은 1,269억 위안에 달한다. 선진적인 설계이념, 초대형 건축규모, 전대미문의 난이도, 엄격한 환경보호, 정밀한 건설기술 등은 세계 교량 건축사에 하나의 이정표를 세웠다고 말할 수 있다.

강주아오대교는 중국 개혁개방정책 성과의 결과물로 출발에서부터 완공까지의 30년은 사실상 개혁개방정책의 여정을 그대로 반영하고 있다. 1980년대 초 중국 개혁개방정책의 추진으로 홍콩, 마카오와 중국 내륙과의 교류 규모가 점점 확장됨에 따라 교통수단개선에 대한 요구도 증가되었다. 1983년 홍콩기업가들은 홍콩과 주하이를 연결하는 링딩양대교 건설사업에 관한 동의를 제출하였다. 하지만 1983년부터 2003년까지 20년간 링딩양대교를 건설하자는 동의는 주하이 시정부계획, 중국고속도로망계획, 중앙정부비준입안, 공정항목 등에 들어간 채 방치되는 과정을 겪었다. 2003년 주하이와 홍콩 두 지역을 잇는 링딩양대교 항목이 홍콩, 주하이, 마카오 세 지역을 잇는 항목으로 대체되었다. 이후 5년 간의 설계, 검증, 환경평가 과정을 거쳐 2009년 중국 중앙정부는 강주아오대교 건설을 비준하였다.

강주아오대교. (비주얼 차이나)

링딩양 위에 펼쳐진 강주아오대교 위로 여객기 한 대가 날아가고 있다. (비주얼 차이나)

그림같이 펼쳐진 강주아오대교 구간 중 돌고래 3탑의 야경. (비주얼 차이나)

8년이라는 공사기간 동안 건설담당자들은 거친 해류와 태풍 등 기상조건, 두터운 진흙 바닥이라는 지형조건, 해수 염분으로 부식되는 환경조건 등을 이겨내야만 했다. 동시에 주변 공항에서 운항하는 수많은 항공기와 링딩양 해상 위로 매일같이 통행하는 4,000여 척의 선박 등을 고려해야 했다. 강주아오대교는 바로 이러한 엄청난 악조건에서 세기적인 공사를 통해 완성된 것이다.

특히 언급할 만한 일은 대교를 건설하는 과정에서 환경보호에 엄청난 노력을 들였다는 사실이다. 강주아오대교가 지나가는 곳은 화이트돌고래 자연보호 핵심구역에 해당한다. 건설담당자들은 최대한 돌고래를 옮기거나 상해하지 않는다는 목표하에 여러 차례 시공방안을 조정하여 교각 수량을 최초의 318개에서 224개로 축소하였다. 또한 화이트돌고래의 번식기를 피해 대규모 준설과 매몰작업을 진행하여 해양수질과 생물자원에 대한 불리한 영향을 감소하였다. 화이트돌고래에 대한 보호 때문에 대교건설에 3억 4천 만 위안의 자금이 투입되었다. 관련 데이터에 따르면 대교 시공 막바지인 2017년 연말에 주강 하구 수역에서 식별된 화이트돌고래의 개체수가 234마리나 증가했다고 한다.

원경이든 근경이든 간에 강주아오대교의 아름다움은 조지프 니덤이 말한 '비상한 미관'이라는 찬사로도 부족할 것이다. 마치 한눈에 다 담을 수 없을 정도로 긴 리본이 파란 창공 아래 그리고 푸른 물결 위에 멀리 산과 건물과 어우러져 나부끼는 듯한 모습은 삼국시대 대문호인 조식(曹植)이 『낙신부(洛神賦)』에서 낙수(洛水) 여신의 아름다움에 대해 묘사한 것을 연상하게 만든다. "그 자태는 놀란 기러기처럼 날렵하고 노니는 용과도 같아, 가을의 국화처럼 빛나고 봄날의 소나무처럼 무성하구나. 엷은 구름에 싸인 달처럼, 아련하고 흐르는 바람에 눈이 날리듯 가볍구나. 멀리서 바라보니 아침 노을 위로 떠오르는 태양과 같고, 가까이서 바라보니 녹빛 물결 위로 피어난 연꽃과 같네.(其形也, 翩若驚鴻, 婉若游龍, 榮曜秋菊, 華茂春松. 髣髴兮若輕雲之蔽月, 飄颻兮若流風之回雪. 遠而望之, 皎若太陽升朝霞 ; 迫而察之, 灼若芙蕖出淥波.)" 낙수의 여신은 조식이 만든 허구에 불과하지만 강주아오대교는 중국의 건설인들이 실제로 만들어 낸 절경인 것이다.

역자 일러두기

1. 원문 중 고유명사(인명, 지명)를 우리말로 바꿀 때 신해혁명(1911년) 이전은 우리말 한자독음으로, 이후는 국립국어원의 외국어 우리말 표기 원칙을 따랐다.
2. 약간의 부연설명이 필요한 경우 ( )나 [ ]를 사용해 서술하였다.